北海道　風格慢旅

日常圈外的旅行提案，感受最有溫度的北國風景

大家好嗎?みんな元気?

全世界的疫情已近尾聲，就像長長的冬天好不容易結束，積雪消融、新芽長出。讓我想起了北海道春天最具代表性的植物福壽草，它的花語是「記憶、呼喚幸運、永恆的幸福」，沒錯！正是重新拾起行囊，憶起旅行和探索的心情，感到幸福的日子。

《北海道風格慢旅》出版以來，很感謝收到許多讀者的溫暖回饋。因為疫情，大家比較沒有機會踏上北海道這塊土地，趁著這次再刷機會，也跟大家來聊聊這幾年讀者不容易看見的北海道生活點滴。

北海道是個觀光為主的大城鎮，因此在這段艱難時期確實受到不小的衝擊，也讓大家的生活產生變化。有些經營餐廳的老闆需要進行融資以維持生計，更由於觀光客的減少，日本當地人成了他們的主要客源。有家原本以販售觀光客為主的湯咖哩店，為此轉型開發冷凍湯咖哩包，沒想到因此大受歡迎。而這段時間當中，道民互相幫助的人情味，是我印象最深刻的一件事。當有人的車子陷入積雪中時，當地人會毫不猶豫地一起將車子挖出；彼此互相幫忙，在北海道已經成為了理所當然的行為。

在疫情期間，就曾發生過這樣一件並肩共度的暖心故事：北海道的小學如有疫情感染，會立即停課關閉。但值得一提的是，北海道作為日本的牛奶生產大國，營養午餐裡最受歡迎的無疑就是牛奶。然而，由於學校的關閉，大量牛奶面臨著報廢的命運，自然也影響了當地農民的生計。

為了解決這個問題，當地推出了名為「喝喝牛奶吧！」的宣傳活動，透過 SNS 等平台發表帶有「#現在就吃北海道」和「#牛奶挑戰」的標籤，北海道知事鈴木直道先生更親自上陣，錄下喝牛奶的帥氣身影，提升道民們對牛奶和乳製品的關注，進而促進消費，讓奶牛養殖業可以度過這次難關，為北海道的經濟作出貢獻！

在日本，還有一項稱作「蔓延防止」的政策，為了應對這樣的變化，許多店家都做了大規模的改變：例如營業時間縮短、減少長途往來、隔板設置與口罩配戴的要求，以及自動櫃檯和電子支付等無接觸方式引進等等。這幾年不僅是店家休養生息與轉型的時間，也間接地讓國外遊客的旅程變得更便利。

現在，北海道已經準備好了！新千歲與台灣的直航航班恢復正常，許多飯店甚至是特色小餐廳，都在這段時間如雨後春筍般紛紛開業。我經常造訪的店家老闆在觀光客重新回歸後感到非常高興……偷偷告訴大家，甚至有些店比疫情前還要熱門、需要更早預訂。想要造訪北海道的旅人，可以開始你的計畫啦！

對我來說，北海道的生活不僅是悠閒與溫馨的，更是平靜且值得細細品味的。對這塊土地純樸的自豪，造就了它的特別。不管你有沒有來過、想像過或者長駐過北海道，我都希望能夠帶給你一種緩慢而細小的發現方式，讓你和我有一樣的感覺：「哇！原來北海道真的是本讀不完的書。」

期待與你在北海道見！

目錄

札幌
MaY MARCHE
RITARU COFFEE
アジャンタインドカリ店
上杉ガラス工房　Studio π

円山路地裏
presse プレッセ
森彦
円麦

北 18 条（北海道大学區）
UNTAPPED HOSTEL
ごはんや はるや
石田珈琲店

小樽
(旧) 岡川薬局 CafeWhite
vivre sa vie+mi-yuu
らーめん　みかん
鳥ま津

創成川
FAbULOUS
MACRO
Saturdays Chocolate Factory Café
ノースコンチネント
MACHI NO NAKA
パフェ、咖啡、酒『佐藤』

長沼
POTORI BAKERY
SAPPORO ACTIVE NAVIGATION
リストランテ・クレス　長沼店
MAOIQ
Country Barn
Shandi nivas café

定山溪
ぬくもりの宿　ふる川
J・glacée
心の里　定山
定山溪豐平川獨木舟體驗

富良野
エゾアムプリン製造所

中富良野
星に手のとどく丘キャンプ場

南富良野
どんころ野外学校
北海道アドベンチャーツアーズ
狗拉雪橇

美瑛
café de La Paix
自家焙煎珈琲　北工房
ケント白石　写真家の宿　てふてふ
スプウン谷のザワザワ村

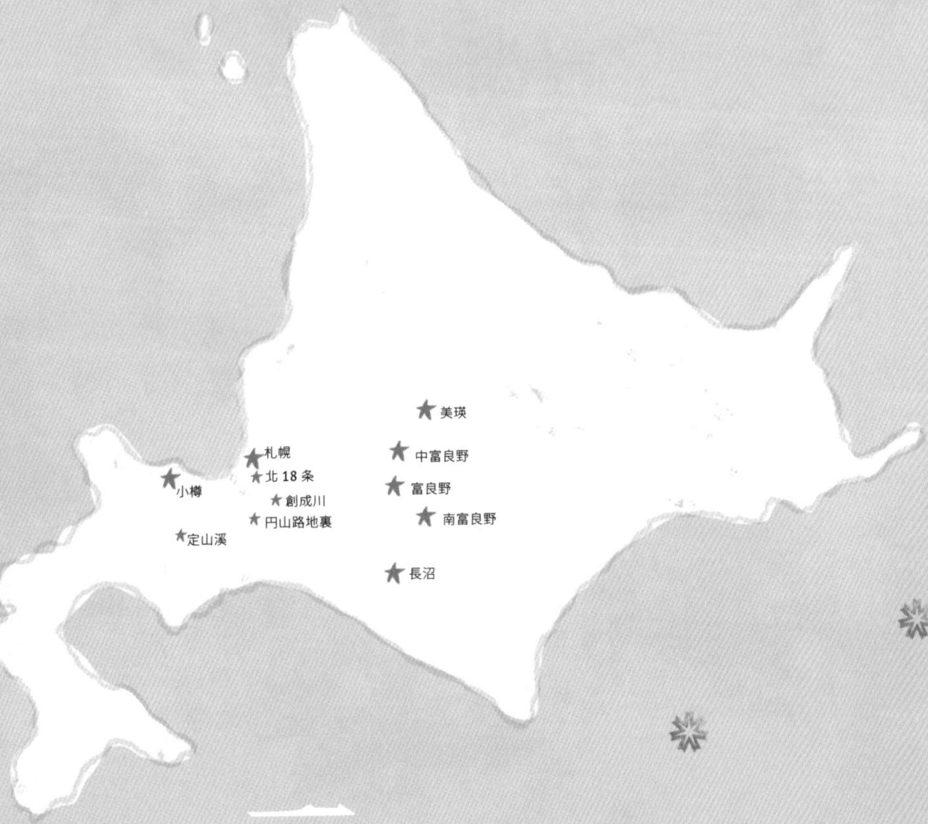

美瑛
札幌
中富良野
北 18 条
小樽
富良野
創成川
円山路地裏
南富良野
定山溪
長沼

自序

「如果能夠出書的話，一定會成為你人生很棒的另一張名片！」每當碰到北海道友人川田小姐，她都會跟我說這句話。

「現在的人前往北海道旅遊，不是都會從網路上搜尋資訊？出書真的可行嗎？」我試著查找網路資料，發現北海道旅遊資訊大多介紹的是懶人包玩法，或者是推薦第一次來北海道觀光的人必去的地方。心裡開始萌生出念頭：那旅居北海道9年的我，是否能夠藉由出書，跟大家分享推薦一些我喜歡的在地特色小店、生活和文化呢？

真心感謝出版社的邀約，讓我的猶豫掙扎能夠成為實現的動力。也希望這本書會是空前，但不要成為絕後。

這不是一本旅遊工具書，而是北海道生活情報誌。裡面有我在這裡生活，感受到的最真實春夏秋冬；北海道人為什麼喜歡喝重烘焙咖啡的理由；北海道秋天的楓葉是彩色的；道民的敦親睦鄰關係是從除雪開始的等等。這些對於北海道人來說，是生活感和空氣感的重要存在。

除了生活和文化觀察之外，還有一些我想介紹給大家的特色小店，以及北海道許多可愛又有趣的人。

為了讓大家更深入的了解北海道，發掘一些網路上鮮少看見、卻值得推薦的資訊，還有從來沒有在我的網路平台出現過的東西，我花了一年半時間走遍許多地方尋訪題材。原本不太願意接受採訪的民宿主人，請我親自到美瑛見面後再決定；從不接受日本電視報章雜誌採訪的拉麵店，也在聽了我對他們家麵店的熱情後，破例讓我採訪。這一路上累積的故事與緣分，對我來說都是相當珍貴的。因為這些美麗的遇見，我再次愛上了北海道這塊土地，也更堅信書的內容，絕對都是最唯一無二的。

２０１７年秋天開始寫書，前後花了一年半時間，才把移住９年的北海道生活介紹給大家。因為白天還是廣告公司的上班族，所以我只能利用假日和半夜書寫。我永遠不會忘記那些假日窩在咖啡廳寫稿的日子。

我從來不敢說自己是北海道達人，僅是以在地人的視角，真心地把我知道的、美好的北海道，介紹給大家。也希望大家能藉由這本書，踏進我的北海道生活。透過我的文字，在閱讀這本書的許多瞬間，有一種置身在北海道的錯覺。

有別於市面上的觀光攻略型旅遊書，我把這本著作定位成「你的第二本北海道情報誌」，獻給來北海道第二次以上，想要深度慢旅，或者計畫長住北海道的朋友，以及單純喜歡北海道的人。

沒有必買、必吃、必看的推薦，只希望大家能放慢腳步，用在地的生活方式來體驗。慢旅的形式，相信可以讓人有更深刻的感動與回憶。

一碗札幌味噌拉麵或是北海道野雪，這些我的北海道日常，也期盼為你帶來更不同的北海道邂逅。

推薦序

北海道深度旅遊玩家　大樹 Bigtree

如果有機會回到北海道工作，總是習慣在工作的前後刻意多留個幾天，當作是個犒賞自己的小小假期，讓自己可以多回味複習一下在北海道的生活。

雖然說曾經在北海道住了將近10年，但是在這小小假期之中，依舊會捨不得地找個溫泉休養，不管是藍天或是陰雨，都會沿襲著以前在北海道生活時的習慣，逕自背起背包就往北海道的山林或是原野走去。路途中碰見蝦夷鹿跟北狐是家常便飯，與牠們對眼交錯幾10秒後，又會不打擾彼此地朝著各自旅程離去。徒步中小歇，望著蒼穹的蔚藍，搭配著牧草地的翠綠，時間會突然流逝得很慢，足夠你慢慢地好好養足精神後再氣定神閒的出發。

日子在過了夏至之後，太陽開始往南方挪移著光影，過不久麥子也淡淡地由青轉黃，夕陽時分再一口氣染上微醺的朱紅，這樣的景緻總是讓人看得出神，捨不得移動腳步。大雨滂沱時，北海道原野氣氛倒是凝重萬分，黑雲一望無際地看似無邊，厚重地壓著、彷彿讓你呼吸都透不過來；一會兒雨停了，大地又瞬間輕盈了起來。習慣地望著雲飄去的遠方，可以清楚地看見大雨換個地方嬉鬧，倒下的薄絲綢緞在天與地之間飄蕩。一旦有陽光，老天爺倒是會積極地賞道彩虹給你，橫跨天空的半圓霓虹，三不五時就會撞見。這樣遼闊的地景與變化萬千的自然，都是讓人捨不得閉上雙眼休息的好理由，即使睏到眼睛睜不開也還是會忍不住想再看一眼。

北海道就是這樣，四處都充滿著迷人的元素，讓人一再流連忘返。

讀著晴渝寄來的稿件時，人正在尼泊爾前往聖母峰基地營的路上健行，四周盡是超過四五千米的雪白大山。理論上，像我這般愛山癡狂的山男，眼球的焦點應該都要放在圍繞在身邊那些面目猙獰的山肌紋理之上，但此時的思緒卻被整個抽離尼泊爾，回到了北海道，甚至彷彿聞到了北海道慣有的牧場味道。

跟著晴渝的文字，北海道生活的點點滴滴記憶再度被釋放，重新回到腦海的主舞台。自從離開北海道之後，再回到北海道時，多數時候只是短暫的十來天，即使是再熟悉的風景，也終究只是白馬過隙，無從看著框景的一一變化。但是看著晴渝描寫的日常生活，補齊了一個旅人來不及欣賞與體會的光景，讓旅程中原本空白的頁面，頓時豐富活潑了起來。

北海道的四季鮮明，是多數旅人遠道而來、夢寐以求的風景。然而在短暫假期之中，旅人們終究無法細細品味北海道的每一寸土地與每一刻變化，只能力求在有如滿漢全席的菜色之中，盡可能地挑選自己喜歡的佳餚享用。

一篇一篇故事讀來，晴渝在北海道的生活視角，讓人想起了電影「小森食光」。悠緩的生活步調，與北方大地有著自己獨特的互動方式，引領著我們進入一張張有如明信片的景緻，四季輪轉的菜餚也一一端上桌，透過身體與大地以及季節交替的生活經驗，話家常般地把專屬於北海道的味道傳遞給大家。這些一頁又一頁的精彩片段不僅讓人感到清新有趣，也流露著晴渝對北海道的愛情。看似日復一日的簡單生活，必定是細心觀察與熱心關懷北方大地的熱情，才能傳遞出這樣有溫度的分享。

即使對北海道如數家珍的我，此般細膩慢旅的生活視角是闖蕩山林、粗獷野放的我未曾好好體驗，令人心生嚮往，原來我在北海道還錯過了這麼多讓人舒服的角落。同時亦激發我許多靈感與動念，讓人迫不及待在尼泊爾的大山群峰之中就想馬上連上網路，打開訂票網站預約下一次的北海道漫遊。晴渝這種簡單生活又富足的步調，這些觸動心底深處的北海道日常，相信一定會讓我們在旅途之中不時湧起微笑，加深與北海道的羈絆，最後，一起愛上北海道，讓北方大地緩緩滋潤著我們乾渴的心靈與生活。

你不知道的
北海道四季

Seasons in Hokaido

Panasonic
分離式

春

只有一星期的春天

北海道の短い春。

曾經有個調查報告指出，四季當中，日本人最喜歡的季節是秋天，北海道人最喜歡的季節則是春天。我想最大原因不外其它，應該就是可以和嚴峻寒冬說再見。

北海道有著雪融的香氣。那是一種很難用言語形容的氣味，有點像是泥土的味道，又帶點氤氳，對這片大半年都被雪覆蓋的土地，有點像是被解放的印記。這是北海道人永遠都不會忘記的專屬氣味，他們深信，這就是「春天的香氣」。

在北海道生活，必備一雙防水雨鞋。尤其適合在春天這季節拿出來穿。

因為融雪的關係，到處充滿了謎樣的水灘。路面被一灘一灘的小池塘取代，稍微露出的柏油路，隨時可能因為昨夜的一場雪，又把

札幌帶到了寒冬季節。這樣的光景，也只有在這融雪又降雪的季節才可以看見。

當雪開始融解，就是道民換輪胎的季節。這時大家會把雪胎換回普通的輪胎，否則雪胎會被柏油路磨壞，讓輪胎的壽命減短。

把輪胎清洗過後，放在自家門前晾乾的情景，在4月的晴天週末，家家戶戶都可以見到。在一年之中會有兩次這樣的例行公事，分別是降雪前的11月和融雪後的4月下旬。

「你家換雪胎了嗎？」取代了一般人更常聽見的「你好嗎？」，在降雪前幾乎成了道民常用的另類打招呼語。不過，在春天換回普通輪胎時候，卻很少人問：「你家換回輪胎了嗎？」我想，大概是換雪胎有種漫長冬季要正式來臨的感覺，而為期不長的春天，比起換輪胎，大家應該更想關心的是新全民運動：「你今年上山採『行者ニンニク山菜』了嗎？」

雖然春天很令人期待，但是在迎接春天之前的過渡期，也真的讓人覺得難熬。

晚上氣溫一下降，路面不是泥濘爛泥，就是因為溫度急降而變成了滑冰場。剷除的灰雪堆積在馬路邊，完全無法辨認人行道究竟在哪裡，埋在雪裡的垃圾，也因為雪被剷除而全部跑了出來。

「天啊！家門前的花圃木頭怎麼被橫切了一半？」這種景象在雪融之後的春天經常可見。想來想去，應該是冬天剷雪車剷雪時，因為無法判斷白雪下的景物，而把花圃的木頭切掉了一半。春天一到，所有冬天被埋在雪堆裡發生的事情，全都會原形畢露。

在溫暖的陽光照射下，樹吸收了熱能之後，從根部排放出熱氣，慢慢地從樹根部開始融雪，在樹幹周圍形成了一個個開洞，日文稱作「根開き」。如果看到公園的樹幹呈現這種模樣，就知道春天來臨的訊息。另外，「天氣預報從原本的雪人圖案變成撐傘圖案」、「屋頂的水，滴滴答答從屋簷滴下」、「道路變得泥濘不堪」、「因為融雪，道路突然變寬了」，從這些生活當中的小細節，也不難發現春天季節的轉換。

北海道的初春，路上開始出現騎腳踏車的人。路旁的雪丘越來越小，人行道也重見光明。雖然路旁還有點灰色的殘雪，但庭院的番紅花（クロッカス）已經悄悄盛開。

番紅花是北海道融雪後，在初春盛開的小花。灰色的土壤，讓紫色的花朵更加顯眼，讓人忍不住駐足欣賞。

「開得很漂亮對吧！」提著菜籃的阿姨也停下腳步，和我一起陶醉在花朵的美麗中。

第一次聽到這種花的名字時，覺得有一種浪漫的美感。這時期走在路上常常都會有小驚喜，一下這邊的番紅花又開了一小簇，一會兒那邊的嫩芽綠葉也長出來了，心情隨著這些美麗的小花，在灰色之外，增添了許多美麗色彩。

春

灰色的畢業典禮

雪解けの色は灰色。

3月中旬的日本畢業典禮，各地都有粉嫩滿開的櫻花迎接畢業生。但北海道的畢業典禮永遠和櫻花扯不上邊，從小學到大學，畢業典禮幾乎都是灰色的。

進入4月後，北海道的景色大幅度地快速改變著。4月初還在飄雪，很難想像不到一個月時間，櫻花就把北海道點綴成粉色大地，只是，賞花期轉眼一瞬，只有短短的一星期時間。這也讓原本該是粉色的畢業典禮，頓時成為了灰色的畢業典禮。

尤其是大學畢業典禮要穿上美麗的和服，因為是比較正式的服裝，為了不想要被路旁的灰色殘雪弄髒，畢業生大部分都會由家長接送，這時候學校附近就會大塞車。如果運氣不好遇上吹雪，交通大打結的情況就會更嚴重，而且這種情況在入學式的時候也會上演一次！

大通公園地面被踩硬的殘雪，被挖土機挖起來晾在一旁，為的是可以加速殘雪的融化。這時候的北海道景象可說是最糟的時候，到處都呈現這樣灰灰的顏色。雖然北海道民會趁著好天氣出來大通公園曬太陽，但那些灰色冰塊融化，至少還需要兩個多星期。

3月底到4月之間真的是非常尷尬的天氣。有氣溫5度的時候，也有暴風雪的日子。當然，無論如何，家裡的暖氣一定都是整天運作著。最擾人的還是穿衣服這件事。

北海道春天的白天溫度大概都有10幾度左右，晚上氣溫驟降變得很冷，有時候還會下雪，對於早出晚歸的上班族來說，春天這個季節其實比起寒冬更容易感冒。晚上明明是該穿上羽絨大衣的氣溫，但在3月穿羽絨衣會被說是「非常識」（形容不合乎規範之意），因為這時候該穿的是卡其防風長版外套，因此即便上班族再怕冷，也還是會跟著日本的職場潛規則來走。

不過，由於春天真的非常短暫，有些地方甚至只有一個禮拜時間就結束了，因此北海道人的衣櫥裡面並沒有春裝，通常只會有冬夏兩季的衣服。

但撇除了灰色的畢業典禮與惱人的穿衣困擾，北海道人喜愛春天並不是沒有理由的。

4月是日本花粉症最嚴重的時候，但唯獨對北海道卻沒有太大影響。由於沒有杉樹和檜木，因此北海道人幾乎都不會有花粉症，甚至有些花粉症嚴重的道外人，會在這個時候前來北海道避難。

而且春天另一個令人開心的事情，就是超市的蔬果會瞬間變得超便宜！冬天一根白蘿蔔要398日元、兩根長蔥要258日元、一條小黃瓜要98日元，這些蔬菜一到春夏，價格就像是打了半價，讓主婦們相當有感。

冬天的北海道幾乎無法種植葉菜類植物，只能依賴道外輸入。因此像是高麗菜或者紅蘿蔔等等價格都非常貴，冬天煮咖哩時，要在裡面放一根紅蘿蔔還是兩根，就可以讓人猶豫好久，買一整顆高麗菜時甚至還會站在蔬果區猶豫5分鐘。因此一到春夏，主婦們當然要把握時機搶購大量蔬菜來幫家人好好補充營養。

冬天的流冰在春天慢慢退去，浮冰消融後，出海捕獲到的魚貝類最是好吃。加上春天特有的山菜，都讓人更加期待著春天的到來。每到了這個季節，老公總是會幸福地嚷著：「一到了春天，所有東西都變得好好吃唷！」話語中不難想見，道民對於春日的喜愛。

春

全民春天瘋採山菜

春の味覚を探しに、山の奥へ。

「啪」的一聲，樹枝應聲斷裂。老公最後抓住的樹枝，支撐不了他的體重而斷裂，他就這樣差點滑落河谷。

為了要採到北海道的夢幻山菜「行者ニンニク」，我們往陡峭的坡道攀爬前進。加上這種山菜只能在河邊採到，除了陡坡之外，還需要攀過河谷才行，因此，在春天常有為了採山菜而跌落河谷的新聞，真的是要非常小心注意安全才行。

採山菜算是北海道人春天生活的一部分，就像是春天必定會在櫻花樹下烤成吉思汗一樣，是一種北海道相當在地的文化。

想要在網路上尋找採山菜的地點，卻找不到太多資訊，因為北海道有個潛規則，那就是不能把採山菜的地點告訴大家，否則一旦公諸於世，自己還沒去之前就可能被採光了，因此，能採到行者ニン

ニク的地方，是只有自己才知道的祕密場所。

不過，行者ニンニク其實並不容易採摘。通常看起來外型很像行者ニンニク的山菜，都是在同個時期、同個岩壁斜面長出來的有毒山菜，沒有經驗的人真的很難判斷，每年也有不少人因為誤食而送醫。所以，採摘行者ニンニク最好能請當地熟人帶路，強烈不建議「沒有經驗」或是「只有一個人」到山裡採菜。

即使和老公有好幾次的採山菜經驗，在最近一次上山採摘，我們還是拜託了兩位里山的在地人，帶著我和老公，一共四人入山。

「每年春天積雪融化，這裡的山野花幾乎和櫻花同時期一起綻放。」嚮導爺爺這麼說著。

一走進山裡，山野花、山野草遍佈腳邊。紫色的片栗（カタクリ）和淡藍色的蝦夷延胡索（エゾエンゴサク），是北海道雪融時候，就會瞬間綻放的花朵。而淡藍色的蝦夷延胡索，也是告知春天來臨的象徵花朵，為只有短暫的春天北海道森林，增添了不少夢幻氛圍。

北海道的山野花，從4月到5月會一起綻放，這樣的景色是在北國才能看到的風景。樹木變成新綠之前，會轉成微橘或微黃的顏色，為期不到一個禮拜，看起來有點像是秋天紅葉，北海道人也稱之為「春紅葉」。

我們揹上繫有熊鈴的背包，穿戴好手套和長靴，確認基本裝備俱全後，準備往森林出發。因為行者ニンニク大多長在日照好並且附

近有溼地的岩壁，因此需要涉溪尋找。

「你們看，這痕跡是熊留下來的痕爪呢！」有經驗的爺爺憑藉著爪痕，告訴我們這是熊上樹之後，下來時所抓住樹幹留下的抓痕。

採山菜和登山非常不同。登山通常是邊爬山邊看風景，走的是人已經走過的路，但採山菜需要一直注意腳邊的情況，專心低頭尋找，視線不會放遠，所以容易因此而迷路。加上前往的地點通常比較隱密，走的是沒有太多人踩踏過的路徑，因此比起登山，危險性相對來得高一些，每年因為採山菜而失蹤的事件大有人在。

「採山菜的初學者通常會把車子停放在高處，再慢慢往山下摘採，但這樣一來很容易發生攀爬不回去，而發生山難的事情。其實往上爬比往下爬還簡單。」一起上山的爺爺跟我說著採山菜要注意的地方，以及近年來森林裡的環境變化。

「10幾年前這附近都是山菜，不用進到山裡面也可以採到，但現在真的要進到深山裡，才能採到數量逐漸減少的山菜了。」

我們涉過幾條溪流，爬上了非常陡峭的斜坡，這時候全身幾乎都沾滿了爛泥巴。此時，聽見爺爺喊著這裡有好多山菜的聲音，老公趕緊把準備好的塑膠袋拿出來，袋上手套，拿著剪刀準備上場。好久沒有看到這樣笑容滿面的老公了。

「如果發現了很像行者ニンニク的山菜，就先看它的根部吧！」唯一的分辨方法就是確認山菜根部。若根部的地方是紅紫色，呈現網狀薄皮狀態，那麼就應該是行者ニンニク山菜無誤。

我拿起了行者ニンニク聞了聞味道確認。沒錯！就是這個大蒜味，

春天裡熟悉的味道。

「像這種一片葉子的，就放著讓它繼續長大吧！要長到這樣程度的一片葉子，可是要花上3年時間呢！如果採了只有單片葉子的山菜，明年它就不會再長出來了，所以要兩片葉子以上的山菜才可以採；而且採的時候要注意，不能從根部全部拔起，不然明年也長不出來。」

爺爺指著行者ニンニク，細心地告訴我們關於更多山菜的知識。原來，行者ニンニク成長如此緩慢，長到可以採收的大小，必須得花6、7年時間。為了讓明年後年都可以繼續有行者ニンニク可以採摘，我們小心翼翼地遵從爺爺的方式進行，珍惜這份大自然賜予的禮物。

北海道這幾年突然流行起採山菜這項運動，連公司的好幾個年輕社員也跟著瘋行。但是對山菜不太了解的初學者，可能在採行者ニンニク時，會將之連根拔起，導致隔年長不出來，因此北海道的行者ニンニク正快速銳減。希望前來採山菜的人，能有正確的採摘方式，山菜才能有機會再長滿山野。

5月的里山，還可以看得到一點殘雪，微風吹來，森林裡的清新空氣和翠綠的新鮮山菜，讓人幸福地盡情感受著眼前的美好。這，就是北海道人的春天生活。

春

美麗一瞬的櫻花季

日本で最後に咲く桜。

當東京櫻花滿開時，北海道人還穿著厚外套，身處一片銀白世界。北海道的步調，總是比內地（北海道外地區）晚了一些。

道民通常會在兩處地方欣賞櫻花，一個是公司、朋友聚會的人氣地點円山公園，另一個則是各自住家附近的私房賞花景點。

札幌賞櫻不得不提的就是指定景點円山公園。円山公園最定番的景象，就是大家都會在櫻花樹下烤肉。

日本人賞櫻大多是帶便當，而道民則是在櫻花樹下烤肉。尤其是黃金週前札幌的櫻花前線，円山公園早已被成吉思汗烤羊肉的煙燻到煙霧瀰漫，空氣中充斥著濃郁的烤肉香味。原本公園是禁止使用火的，但円山公園會破例在這幾天開放區域讓大家烤肉，甚至還會設置特別區域讓大家放燒過的木炭。

大家都是醉翁之意不在酒，真正賞花的沒有幾個人，就像中秋節沒有人在賞月一樣，道民們其實心裡有數，大家只是藉由烤肉來交流聚會而已。

這也是北海道民一個很特別的民族性。有時候他們會有一些想突破傳統的想法，因而造就了特殊景象或是規矩。在他們的觀念裡，反正北海道歷史本來就很短，沒有需要傳承下去的習俗，所以也沒有什麼不合理之處。再者日本人原本就喜歡在櫻花樹下吃吃喝喝，只是北海道更沒有束縛罷了，直接烤起了最喜歡的成吉思汗，生活感更實在。

北海道總有一些不適用於現代，也不會覺得不合理，甚至是顛覆傳統「應該要這樣做」的人性化潛規則。像是結婚典禮的紅包採會費制，無論輩分或友情，大家繳付主辦人訂出的金額，如此一來也不需要為了到底該包多少而傷腦筋。

有時候想想，能生活在習俗規則超人性化的北海道，還真是一件幸福的事呢！

除了札幌有名的円山公園之外，如果不想人擠人，或者想要去一些旅遊書上沒有介紹到的祕密景點，可以推薦大家去札幌豐平區的「寒地土木研究所」欣賞千島櫻花並木。河川的兩旁開著滿滿的櫻花，中間還有幾座小橋，如此雅致的賞櫻景點，可是豐平區住民才會知道的祕密基地。

而「道道札幌恵庭自転車道線」也是另一條賞櫻路線。在腳踏車專用車道邊騎腳踏車或是慢跑，用自己最喜歡的速度賞櫻，無論什麼方式，都一樣美麗而愜意。

只是，在北海道享受春天粉嫩的粉紅色櫻花，就只有在那一個星期，那個瞬間。等待來年，再將這粉色美麗繼續延續。

夏

燦爛之夏

ずっと続いてほしい！快適な夏。

從冬天的白色北海道，春天的灰色北海道，季節轉至夏季，現在的北海道，是彩色的。

札幌道廳的八重櫻花即將凋落，但札幌三吉神社的例大祭對我來說，則是帶領札幌進入夏天的第一章序幕，因為這是札幌夏天的第一個祭典。

關於這個夏日祭典，札幌有個都市傳說，只要三吉神社祭典當天是雨天，隔一個月後的北海道神宮例祭就會是晴天。相反的，若是三吉神社祭典碰上晴天，北海道神宮的例祭就會是雨天。

想讓雪融之後的院子多點色彩，於是前往了市集購買花草。擺在攤子上的花草並不多，只有一些零星。

「下次的花草什麼時候會再進貨呢？」我問著。

「你問的是觀賞用的花還是自家栽培的蔬果呢？如果你說的是自家栽培的番茄或者大葉，可能要等到札幌祭典過後才會出來，現在北海道的土壤還很冷呢。」專業的服務人員這麼告訴我。

原來，北海道某些作物的春夏產季分別，是用6月14～16日的札幌祭典來分辨的。而北海道神宮例祭，札幌人又稱作札幌祭典（札幌まつり），是最能代表夏天正式來臨的分界祭典。

時序進入7月，北海道氣溫雖然慢慢變暖，但還是有非常寒冷的日子，說真的，還稱不上是真正的夏季。

北海道的四季非常分明，分別是5～6月的春季，7～8月的夏季，9～10月的秋季與11～4月的冬季。但今年的夏天很不尋常，7月中旬時，原本沒有梅雨的北海道，卻接連下了好幾天的雨，北海道人都稱其為「蝦夷梅雨」。到了7月下旬，又熱得讓北海道人叫苦連天，無法消受。走到哪，都可以聽見道民發出哀號。

「天氣可以熱，但不要突然來個高溫啊！」

「今天北海道有35度，但沒有關係，半年後，就會變成負35度！」

北海道家庭幾乎沒有冷氣，只有一台小小的電風扇陪伴我們渡過短暫夏天。加上因應寒冬的斷熱性建築特性，北海道人的房屋密閉性高，容易聚集熱氣，因此，即使是短暫的夏天，對北海道人來說也是個折磨。

過了盂蘭盆節（8月中旬）後，北海道的夏天已進入尾聲。

小星手上玩的線香花火熄滅瞬間，代表夏天也就此結束。天氣自此之後，會開始一天比一天冷。終於要告別這種讓人受不了的夏天溫度。

只有當氣溫再回到20度的涼爽溫度，道民們才會覺得：「對嘛！這才是北海道該有的溫度啊！」

夏

注意！小心熊出沒！

熊出没注意！

那天，從新千歲機場搭乘列車回札幌，在發出鳴笛聲後，列車突然緊急煞車。

「應該又是因為那傢伙吧！」我在心裡想著。

過不久，列車廣播傳來：「列車現在撞到了一隻鹿，等確認安全後我們會馬上發車，請大家稍微等候一下。」

「天啊！怎麼會撞上蝦夷鹿？」列車上有幾組拖著行李的人，笑著議論紛紛。

通常遇上這種情況，車上的人會有兩種反應。一種是習以為常，一副見怪不怪的樣子；另一種則是會驚訝地大笑，感覺不可思議的模樣。而後者的表現，可以讓人一眼判斷出這台列車上到底有多少觀光客，成了一種另類的趣味辨別觀光客和在地人的方式。

會發生這樣的不幸事件，聽說是鹿會來舔拭鐵路上的鐵粉。加上

鹿是夜行性動物，因此很容易在黃昏或者是晚上，發生行駛中的列車撞上鹿的慘劇。

天氣變暖之後，許多北海道的動物都從冬眠中甦醒，開始覓食。但為了尋找山上變得越來越少的食物，有些動物也開始往山下移動。除了鹿群，北海道棕熊在5月中到7月底這段時間更是頻繁出沒。每當住宅區附近出現熊的情報，小學生放學後就會實行集體回家政策。

北海道棕熊出現在城鎮的目擊件數日益增加，而且牠們還會進到人們居住的住宅區附近。關於熊出沒的電視新聞報導，在今年夏天真的特別多。尤其最近棕熊甚至泳渡到北海道的離島利尻島，在附近民家出沒，讓北海道當地居民覺得人心惶惶。

其實熊的本性應該是怕人類的，只是山上的食物變得很少，牠們只好冒著風險，來到人類的住宅區覓食。

以前的人都教小孩在森林裡遇到熊的時候要裝死或是爬樹，但殊不知熊其實比人類更會爬樹，因此，這一招顯然是行不通的。

不過，還有一個大家熟知的方式，就是在背包上綁上避熊鈴。

北海道人幾乎都會有的避熊鈴，就是為了要防止熊出沒而準備，對我們來說，這可是非常重要的救命寶物。雖然，心裡多少還是會有一些僥倖心態，覺得怎麼可能會遇得到熊?!但每年在北海道還是會有遇到棕熊，甚至被攻擊死亡的事件發生，所以北海道老公第一次送給我的小禮物，就是避熊鈴。

過去人們居住的城鎮和森林其實有個臨界處，稱為里山。通常棕熊到了里山就不會再繼續前進。不過在人口減少之後，里山也慢慢消失，棕熊和其他野生動物開始慢慢往人類居住的地方移近，才會有現在棕熊頻繁出沒城鎮的情況。我想，或許再過幾年後，人類該如何和北海道棕熊和平共處，將會變成是一個無可避免的課題。

夏

夏天公園的不速之客

夏のカラスはちょっとピリピリ。

那天，我一如往常，走在前往接小孩放學的路上，照例地穿越保育園前的一個小公園。

平常這個時間都會有許多家長帶小朋友在公園裡玩盪鞦韆和溜滑梯，但今天公園卻連一個人影都沒看見。

「是發生了什麼事？還是公園怎麼了嗎？」我心裡納悶著。但看看手錶，時間已經快要6點鐘，有點晚了，於是趕快直線穿越公園到保育園。突然間，背後響起「嘎!!!嘎!!!嘎!!!」的叫聲，幾隻烏鴉從我頭頂後方低空飛過，而且是連續幾次的從背後偷襲，害我嚇得花容失色，連忙抱頭跑走。

札幌的烏鴉數量比起東京多很多，每年6月到7月的初夏，札幌就會出現許多烏鴉攻擊人的案例。

這時期是小烏鴉們練習飛離鳥巢的時候，因此烏鴉媽媽會變得非

常神經質，只要有人一靠近鳥巢，牠們立刻就會採取威嚇來防禦。平常的烏鴉叫聲是「カァーカァー」（嘎～嘎～），感覺受到威脅，甚至在攻擊人的時候，叫聲就會變得急促「カッカッカッ」（嘎!!!嘎!!!），並且從人們的頭頂低空飛過，這就是烏鴉們的威嚇。

在住家門前的電線杆上，從早上4點多開始，就有烏鴉「嘎～嘎～」的叫聲，就連到了晚上要睡覺的時候，牠們也仍然持續著。一來是為了要宣示自己的主權，二來則是利用聲音跟自己的同伴們互相確認位置。

「保育園老師教我們烏鴉來的時候，要把兩手舉高高唷！」女兒小星說著。

札幌有很多烏鴉，這已經不是個都市傳說，而是事實，大家也都知道該如何和烏鴉和平相處的訣竅。我想，或許是札幌的環境好，植物園和道廳都還留有以前的樹木，札幌的路樹也特別多，因此自然而然造就了許多烏鴉吧！

現在，原本小星週末都會去的公園已經被烏鴉給佔領，每次一到公園，烏鴉們就會開始亂叫、低空飛過。烏鴉們，也成了每年夏天公園的不速之客。

夏

札幌八月祭

みんなでつくるお祭り
「さっぽろ八月祭」。

「さっぽろ八月祭」（札幌八月祭）是前幾年在札幌新誕生的祭典，算是改良過後的納涼盆舞祭，也是祭典較少的北海道區域中，我覺得最具有札幌風格的祭典。

札幌市民利用不要的布料、衣料，甚至是浴衣，親手縫製成非常大的大花布，鋪在祭典的會場地面上，然後在上面跳「盆踊り」（盂蘭盆節的舞蹈）。就算不會跳也沒有關係，舞台上的舞者會帶動大家一起跳，只要跟著音樂擺動就可以。而且祭典的音樂歌詞集結了所有札幌人覺得最能代表在地特色的一句話，因此一聽到音樂，就會讓札幌人會心一笑。

除了歌曲之外，連舞步都非常俏皮。有別於一般日本較為傳統的舞步，讓喜歡嘗鮮突破的札幌市民，對於這祭典可是好評不斷。不

只大朋友、小朋友喜歡，連老一輩的人都能跟著可愛活潑的音樂動起來，這也是我最喜歡的北海道祭典，每年必參加。

會有這種改良祭典的誕生，都是因為北海道民有著開拓者精神的基因。基本上道民都很喜歡新事物，只要有新產品販售或者是新開幕的店，門口就會出現大排長龍的景象。但另一方面，道民們也很喜新厭舊，一段時間過後，新鮮感失去了就會覺得膩，很多原本需要大排長龍才能擠得進去的餐廳，也會因為人潮突然銳減而倒閉，這種現象其實司空見慣。

札幌的道廳對許多人而言是觀光景點之一，對我而言則是每日上班必經的路線，再熟悉不過的日常。這個原本只有上班族及觀光客才會來的地方，成為了札幌人新創祭典的舉辦地，帶來了更多不一樣的活力樣貌。在夏天的這一刻，不用酒精的催化，在「さっぽろ八月祭」就可以看到札幌市民最純真的笑容，讓人更想要好好抓住夏天的尾巴，享受這元氣滿滿的夏天。

夏

海邊的成吉思汗烤肉趴

北海道のビーチではみんなジンギスカン。

8月的第二個禮拜，早上和晚上的氣溫都非常低。

「北海道最熱的時候已經過了，再來要慢慢轉涼了。」老公說著。從早晚氣溫的變化來判斷季節交替。衣櫥的夏季衣服都還沒有穿過一輪，就要跟夏天說再見了。

短暫的夏季，讓大家都想要好好地用力享受夏天的太陽。而對於沒有四面環海的札幌人來說，不管怎麼樣，夏天都一定要去一趟海水浴場。

北海道的夏天非常短暫，因此學校沒有游泳池設施的比例很高，不會游泳的人佔了多數。反觀，時期比較長的冬季則會有滑雪、溜冰課程，學校的教學針對季節的不同，也有不一樣的方式。

但即便如此，也完全不影響大家在夏天前往海邊玩水的意願。

夏季的時候，靠近海水浴場的超級市場，總是會把一整組的烤肉用品放在最顯眼的地方。這些並不只是烤肉專用，而是北海道即便是夏天的海水溫度也還是非常冷，因此大家會在岸邊生火，這樣玩水之後從海邊上岸就可以取暖；而且利用已經生好的炭火，順便再烤個肉，更能讓遊興達到極致。

不過，在海水浴場的烤肉趴，絕對不會出現大家印象中的烤雞或是咖哩類的露營食物，說穿了，北海道人的海水浴場烤肉還是成吉思汗。這道羊肉料理，不管在什麼時機出現，對北海道人來說，永遠都不會覺得奇怪。

夏

搖滾吧，
RSR 旭日搖滾音樂節

子供からマニアまで熱狂"RSR"！

北海道夏天，年輕人的代名詞絕對是「RISING ROCK FESTIVAL（旭日搖滾音樂節）」，簡稱RSR。

今年已經邁入第20年的音樂節，在石狩市的石狩灣新港樽川埠頭舉行。每年有兩天時間，從星期五中午到星期天日出，不眠不休地通宵舉行野外搖滾節目，從早到半夜，有好幾個大大小小的演唱舞台表演，而且最厲害的就是第二天連續唱通宵，在星期天的清晨5點過後，演唱會才會結束。

光是表演的舞台就有七個，在同一時段裡，有好幾個不同的團體或歌手會上場演唱。最酷的是，音樂節的入場券是用抽選的，而非購票進場，因此被抽中的人立刻成為大家眼中的超級幸運兒。被抽中參加的人，可以在會場裡面搭帳棚，或者累了就直接躺在牧草堆上睡覺，這種帶著粗曠風格的音樂祭，就是在北海道才有可能會做的事。

從會場的東邊走到西邊，要花上30分鐘。每個舞台表演結束要趕往下一個舞台之間，距離大約要10分鐘左右。除了搖滾樂之外，當然也有比較抒情的音樂，到了晚上，會場點滿了蠟燭，立刻呈現出另一種氛圍。

今年的RSR音樂祭，雖然當天下著雷雨，但還是沒有澆熄北海道民想要好好享受夏日最後音樂節的熱情。

喜歡音樂的人、喜歡戶外活動的人、喜歡喝酒的人、喜歡熱鬧的人，全都聚集在這裡。大家拿著啤酒，聽著音樂、吹著風，時間彷彿凝結了一般，所有的幸福與感動，都停留在了這一刻。

雖然是8月的天氣，但因為是北海道，而且又靠近港灣，如果太大意的話，其實還是很容易感冒的。即使知道夜晚不可能會下雪，但是半夜清晨時分還是非常非常冷！我記得那一年只穿著夏衫的我，冷到把一旁的牧草當作棉被拿來取暖，整個晚上瑟縮到不行！

雖然說那是個難忘的回憶，不過當時我的心裡只一心想著：「為什麼北海道的夏夜溫度會比冬天還要冷呢？」

在最後一天，幾乎所有會場的人都會聚集到主舞台SUN STAGE，和好朋友一起迎接隔天日出。5點的最後一場演唱會結束後，才回到家，立刻就看到了臉書剛剛公布的明年音樂祭時間。瞬間，心中又開始對RSR充滿了熱情和期待。

「一整年努力工作就是為了這兩天！」

「這裡是離天國最近的地方！」

「明年也要再去！」

看著官網上大家的留言，相信RSR在道民心中的位置，早已無可取代。

秋

捎來秋天訊息的七竈

食べたくなるくらい真っ赤な木の実。

走在人行道上，楓葉未紅，但看到樹上這個名為七竈（ナナカマド）的果實轉紅，就知道秋天要來了。

北海道秋天的顏色是什麼？如果回答紅色的朋友，那你一定還沒有來過或是沒有真正認識北海道。北海道秋天的顏色，可是五彩繽紛的呢！

旅遊書上介紹的北海道秋天必遊景點，大多是走馬看花的紅葉景點，因此也讓人有了這樣的刻板印象。但實際上，只要秋風一吹，往山頭看去，滿山的樹葉五顏六色，就像大地的調色盤一樣。

即使秋天也不會掉葉變色的墨綠色針葉樹林，還有最常被拿來當作防風林的唐松，入秋後整片會變成金黃色，以及初秋的大波斯菊等，整個森林呈現紅橙黃綠藍靛紫的多彩繽紛，北海道秋天的顏色就像是修圖淡化般有一種朦朧美，給人不同的視覺享受。

黃色、紅色的楓葉，錯落在墨綠色的北海道蝦夷松樹林裡和白樺樹之間，變成紅棕色的落羽松也點綴在旁，這時候如果運氣好一點再遇到下雪的話，還可以拍到雪花落在楓葉樹頭上，秋冬交織的美景。

如果在10月底前往十勝或是美瑛，剛好可以趕上小麥播種季節，在起伏的丘陵地上欣賞到金黃色防風林和淡淡綠色小麥田交織的美景。比起夏天，我更喜歡北海道秋天這帶有特別韻味的顏色。

「開暖氣了沒？」是道民的招呼語

わたしたちの秋の挨拶「暖房つけた？」。

北海道民是這世界上最怕冷也最怕熱的民族，會這樣說絕非空穴來空，而是有根據的。

我還記得某個初夏的上午，和公司同事後輩一起走在大通公園，前往和客戶見面的地點。

「好熱！好熱！我快熱到融化了！」走在我身旁北海道苫小牧出身的同事，拿起手帕邊擦汗邊說著。

「現在才28度左右耶，你會不會太誇張了……」我指著大通公園旁的大樓電子顯示溫度說著。

「總之，我熱到無法跑業務了，我們還是去走地下街比較涼爽。」

再把場景換到初秋。

每當過了日本的暑假連休，天氣即開始驟降。才9月初，少部分

的樹木顏色就開始披上紅色衣裝。由於今年夏天熱得特別慢，7月底左右才開始有夏意，超過30度的日子，五根手指頭都算得出來，因此，來到了秋天，對夏天的溫度還是有點戀眷。

「好冷，要不要開個暖氣？」老公正在設定暖氣的調節溫度。

今年我們家在9月1日按下了暖氣的開關，那天下午的氣溫大概是10幾度左右。

對台灣人來說，才10幾度就開暖氣或許會覺得離譜，但我家道民老公沒有發燒，腦袋也沒有壞掉，而以上我所說的也一點都不誇張。

沒錯！北海道人只要一覺得冷，第一件事情絕對不是穿外套，而是先按下暖氣的開關。在道民的腦袋思維裡，沒有「覺得冷就添加衣服」這件事。覺得冷，就開暖氣的概念，就像是渴了需要喝水一樣理所當然。暖氣的存在對道民而言，就像是一種生活，一種呼吸，冷了就開暖氣，是再正常不過的事情，絕對不會為了省電費而減少使用暖氣。

另一方面，暖氣的按鈕更是具有神奇的力量。通常一按下去，就會像是毒藥般，讓人戒不掉，沒有辦法後悔，會一直想要依賴。在幾乎佔了大半年的冬天裡，都只想要待在暖氣房裡。

因此，根據我在這裡生活了將近9年的時間，我幫北海道民總結了一下他們能接受的體感溫度。北海道民覺得最舒適的溫度是20～25度，只要超過了25度就會開始大喊快要融化，低於20度則會開始喊冷，然後立刻開暖氣。說北海道民是個怕冷又怕熱的民族，絕對無誤！

尤其在每年過了日本8月中左右的暑假連休（お盆），北海道天氣開始驟降。一進入秋天，道民們最會互相比較的就是：「你家暖氣開了沒？」、「我家還沒開，但是已經用吹風機在吹腳取暖了。」詢問對方家裡開暖氣的情況，就是北海道民秋天打招呼的方式之一。

雪蟲，冬天的妖精：捎來初雪訊息的使者

冬の訪れを知らせる虫。

「又到了這季節了啊！」輕飄飄、飛來飛去的白色小蟲，突然跑進走在回家路上的我的視線裡，我無奈地說著。

10月初的天空突然出現白色小點點。咦？該不會是雪蟲吧？今年札幌溫暖的日子才沒幾天，還沒感受夠溫暖太陽的日子，難道北海道又要再度進入大冰箱了嗎？

比起往年，今年的雪蟲似乎來得更快了。

擁有美麗名字的「雪蟲」，在北海道只要看到牠們滿天飛舞，就代表初雪再過10天左右，即將降臨。

之後的幾天，雪蟲們已經飛舞滿天。在外國人眼裡，這看似浪漫的畫面，對實際生活在北海道的道民又會是怎樣的情景呢？

騎著母子腳踏車趕著接小星從保育園回家的路上，車速會讓雪蟲飛進鼻孔裡的機會增加，更會黏在西裝外套上，造成服裝儀容上的困擾；JR列車在這個季節，車頭的擋風玻璃也會因為車速，有許多雪蟲的屍體黏在上面。對於北海道人討厭蟲子這件事，不管男女老少，大家只有尖叫再尖叫，連在北海道擔任攻堅霹靂小組的男性友人，看到雪蟲屍體的驚慌失措模樣，都會讓我不禁懷疑：道民的安全真的沒有問題嗎？

更有一次去拜訪完客戶後，上完洗手間照鏡子整理儀容時，突然發現有隻死掉的雪蟲黏在我的額頭上。這隻死掉的雪蟲就這樣陪伴我開了一個小時的會議，回想起來，難怪剛剛客戶的視線一直盯著我的額頭看，原來都是因為這個小傢伙的緣故。

每年一到了這個季節，我和老公出門時都不太敢張嘴說話，深怕一個不小心，就把雪蟲吃進肚子裡。

這種因為雪蟲出糗的事件層出不窮。對我們北海道人來說，雪蟲真的是超級「邪魔」（煩人的）！和浪漫完全扯不上一點邊。

「雪蟲的別名又稱為：冬天的妖精。」我查閱了網路字典，字典是這樣告訴我的。

看似美麗的名字，對於道民來說，其實就像是一場蟲蟲危機。

今年札幌的雪蟲10月8日出現，10月23日就下起了初雪。初雪下下來的時間，比往年快了5天左右。

這不是北海道的都市傳說，更不是巧合，而是大自然的力量。雪蟲在北海道各地降雪前會有繁殖產卵的習慣，因此雪蟲的出現，就像是妖精們的使命，捎來「初雪快來囉」的訊息，像是使者一樣，為北海道大地送上將要降雪訊息。

像是小白點的雪蟲在空中輕飄飄的，有時往下降，有時又奮力往上飄，肚子部位有著一團類似棉花的東西。更可怕的是，那一團棉花只要沾上了就會緊緊黏住，很難甩掉。

雪蟲的出現，也讓北海道的主婦們開始忙著入冬的各種準備。忙著把車子的正常輪胎換成雪胎；開始在自家庭院曬白蘿蔔，準備漬物儲存食物；把窗簾從夏天的輕薄款式，換成有保暖禦寒效果的冬天材質；將家裡的電風扇清潔整理後收起來……等等。秋天真的是北海道主婦最忙碌的季節，對我來說，北海道過冬的準備，甚至比過年的除舊佈新大掃除還要忙碌呢！

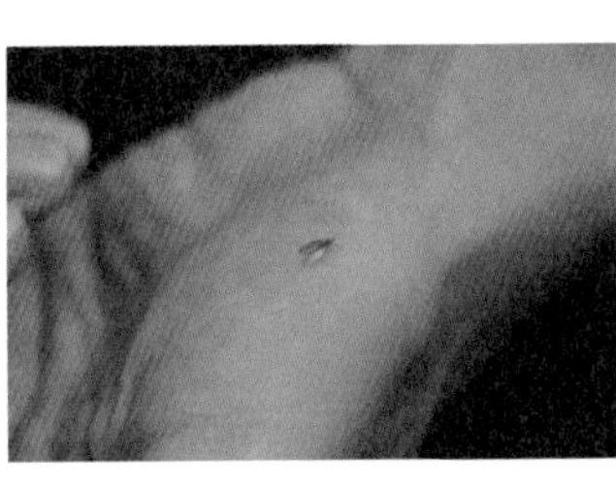

過冬的準備：幫樹木穿上圍籬

厳しい冬に備えて。

住在透天厝的人家，進入秋天最重要的準備，就是把自家庭園的樹木「冬囲い」，也就是用黑色網子將樹木綁起來，或者是加上竹籬，這是在北海道特定季節才能看得到的特色。

很多人會覺得「冬囲い」是怕樹木凍傷，但其實是讓植物不會因為雪的重壓而死掉。

尤其在積雪量和降雪量多的區域，更要做好這一類的防範。不只人們需要做好入冬的各種準備，北國的樹木也需要。對北國人來說，這可是件重大工作，而且，因為樹木種類的不同，「冬囲い」也會有不同的綁法。

另外，什麼時候要開始把樹木們綁上竹籬的時機也非常重要。只要看到自家附近樹木上的枯葉被冷冽的風吹落，只剩樹枝時，就可以開始準備了。如果太早綁上的話，植物們會因為悶熱而死掉，太晚的話，有時又會因為突如其來的一場大雪，讓人措手不及！

避免積雪堆積在針葉樹上，特別是樹木上面的地方，必須先用木竹子定位後，再用圍籬圍起來。另外像是一些比較低矮的樹木，如果樹枝較軟的話，就會整個用繩子捲起來。

看到老公在綁樹的時候，那模樣還真有點像是卡通「櫻桃小丸子」裡面的佐佐木爺爺呢！

除了家裡的樹木，公園的洗手台也被竹籬包起來，為的就是不讓大家在冬天使用。

因為水管裡或地下水道有水的話，會因為結冰膨脹讓水管破裂，到時候可能會需要連地下水管整組拆掉重換，維修費用可是六位數以上起跳的呢！因此，在把這些洗手台包起來前，還有一項非常重要的手續，那就是「水抜き」，把留在水管裡面的水先抽掉。有些小型公園甚至會將整個公園都封閉，連廁所也不能使用，理由不外乎就是：防止生鏽、預防結凍、維修管理等等。

除此之外，冬天公園的盪鞦韆也全部都會被綁起來，無法使用。雖然不能玩盪鞦韆，但是一點都不用擔心，因為在接下來的冬天，只要有個雪橇，絕對比盪鞦韆、溜滑梯都還要好玩。

體感溫度最低的季節

秋が一番寒い季節！？

北海道最冷的時候，我覺得是準備開始下初雪的前一天，空氣異常冷冽。

「我怎麼覺得到了下初雪的前幾天，比1、2月還冷啊！」我跟北海道同事說著。

「黃桑，不錯唷！從你說的話聽起來，比我們道民都還像個道民了。」

在下雪之前，由於熱空氣被大量吸收，因此感覺到的空氣相當冷冽，體感溫度比下雪的時候還要冷。

為什麼總是在下雪前覺得特別冷呢？我自己分析出了以下幾個原因。

10月底左右還是得穿秋裝的季節，拜訪客人時，一般穿著卡其色風衣外套。這時候如果換上太厚的外套或披上圍巾，就會被公司前輩以不符合現在的秋天時宜，要看季節穿對的服裝拜訪客戶才得體

而訓斥。加上各大商場或是家裡可能才剛開暖氣，建築體還不夠熱，因此讓人覺得體感溫度更低。

例如我們公司規定11月才可以開暖氣，因此10月下旬時，是公司最冷的時候。大家都把家裡最保暖的衣服，甚至是套頭高領毛衣、超厚毛毯帶到公司，我則是直接貼了暖暖包在背上上班，我覺得這種方式對我來說最溫暖。

甚至到了現在，每次我只要感受到這刺骨的冷風，大概就知道初雪要下下來了，比雪蟲還要靈驗。

接下來從10月中旬左右就會開始斷斷續續的持續下雪和融雪。從12月中旬左右到明年的3月間，將再也看不到柏油路的路面。

初秋這時候，到了傍晚4點左右，天空已經呈現全暗的景色，夜晚來得特別快。夏天時節，有時候晚上6點多接完小朋友下課，還可以在公園裡玩個盪鞦韆再回家，和現在的景色有著天壤之別，也是讓我對季節變化相當有感的季節。

觀光客看銀杏並木，道民撿銀杏

觀光客は上を見る、
わたしたちは下を見る。

住家附近有個非常大的公園，秋天除了可以帶小孩來這裡玩溜滑梯外，還可以撿地上的松毬球、核桃，以及外表帶著刺的栗子。在樹下撿栗子時，還要小心會被樹上掉下來的松果打到頭。

每個栗子的形狀都不同，就像是在尋寶一樣，非常有樂趣。

「前面剛剛有一隻松鼠跑過去唷！」在公園散步的老婦人，指著樹梢對我們說。

聽見我說準備回家囉，小星手裡緊緊抓住松果，直到將她抱上了腳踏車後座還不肯放手。於是，帶回家後用熱水燙過的松果，就成了小星這個秋天最棒的紀念品。

對觀光客來說，秋天來北海道玩除了賞楓之外，還會到北海道大學去看黃澄澄的銀杏並木。每年10月底左右，整個銀杏滿開的時候，

真的非常壯觀。茂盛的金黃色銀杏並木，和被風吹落一地的銀杏落葉，遮蔽了整個天空。風一吹來，天空好像下起了黃金雨一般，美得讓所有人尖叫。

不僅觀光客沉醉在這美得如畫的風景，我也趕緊拿出相機捕捉這一瞬間。在這一年當中，這種瞬間或許就只會出現這麼一次，一定要好好把握才行。

道民老公看到風一吹，也大叫了一聲。隨後趕緊把包包裡的塑膠夾鍊袋拿出來，撿起剛剛被風吹落滿地的銀杏果。小星也有樣學樣的跟著爸爸動作，一邊撿著地上的銀杏果，一邊喊著好臭。

此時此刻，不管是外地人還是本地人，在這個美麗的銀杏樹下，大家都滿心期待著「大風吹」。唯一不同的是，觀光客欣賞的是銀杏並木，而在地道民則是忙著撿銀杏果，形成了另一種秋天趣味。

比起北海道大學的銀杏並木，其實我更喜歡北海道道廳前的銀杏並木。

那一棵銀杏並木總是很晚才變黃，當周圍的銀杏樹已經轉黃時，唯獨這棵還是綠油油的顏色，直到下起初雪時，才會慢慢轉色。這時，可以捕捉到銀杏和初雪交織的美麗畫面。每天上班必經過的這棵銀杏樹，讓我對初雪稍稍有了期待感。

銀杏並木是札幌最慢變色的樹木品種，待銀杏落葉告一段落後，也代表著北海道真正的冬天即將來臨。

敦親睦鄰就從除雪開始

雪かきはご近所トラブルの元？

「啊！下雪了！」一早起來，在打開窗簾的瞬間，老公的臉色大變，我和小星則是手舞足蹈地大喊著：「太好了！下雪了，可以玩雪囉！」

身體裡流著南國的血液，有著南國人的ＤＮＡ，即使已經在北海道住了9年多了，看到第一場初雪的時候，還是會像小孩般興奮雀躍。但下雪的日子過了三天，就會開始煩惱，小星保育園的接送該怎麼辦？屋外清雪的工作要怎麼輪流分配？

不能騎腳踏車的話，假日的活動範圍也縮小了，原本可以騎腳踏車到五公里外的麵包店、花店等等，現在只能在自家三公里範圍內和札幌大通車站附近行動……。更重要的是，「下雪」不能成為遲到的藉口，因此冬天必須提早出門，也成了在北海道生活的潛規則。

11月底下的雪，因為氣溫還不夠冷，下的雪花非常大一片，我們

都稱作牡丹雪。通常要看到這種雪花，都是在氣溫比較高的初冬或者是初春時候。牡丹雪有點像是天鵝的羽毛，面積較大，也有速度感。因為含的水氣和濕氣非常重，所以容易附著在樹梢上，讓這時候的樹木看起來外型有點笨重。這種雪也很容易卡在電線杆上，電視新聞就曾經報導過因為積雪太重，而導致整段電線斷掉的慘案。對北海道民而言，冬天最可怕的其實不是寒冷這件事，而是那不管怎麼除都除不完的雪花。

每當下起大雪後的隔天早上，便是家家戶戶出來鏟雪的時間。

「原田桑，你們家的雪可以丟到我們家旁邊的空地。這裡原本是停車場，現在沒有停車了，所以可以堆放剷除後的雪沒有關係。」

冬天的雪是很難融化的。那些除過的雪究竟要丟去哪裡，就變成是一個非常大的問題。北海道人常常就會因為這些無法消去的白雪，而影響和鄰居間的關係。

因此，若想拉近與鄰居之間的情誼，做好敦親睦鄰，或許就可以從一堆又一堆的除雪開始。

冬天跌倒是家常便飯

わたしたちは上手に転ぶ。

在北海道如何分辨北海道在地人和觀光客，只要在下雪時觀察一下，不會撐傘走路的通常就是北海道在地人。

除了還是有點濕濕的初雪之外，進入到12月後下的雪就變成了粉雪。也正因為北海道的雪是粉雪的關係，因此衣服不容易被沾濕。只要稍微輕輕地拍一下大衣上的粉雪，踩掉鞋子上多餘的雪，將頭髮一撥，就能撣掉頭上的許多白雪，俐落地進到辦公室。基本而言，其實不用撐傘也可以。

對我來說，在冬天裡撐傘，就只有危險兩個字可以形容。如果撐了傘，就只剩單手可以自由使用，走在滑溜溜的雪地上，簡直就跟挑戰平衡木沒兩樣。

而且，平常的人行道因為堆放剷雪的關係，幾乎變成狹窄的單行道，這時候再撐傘，走起路來真的會越走越彆扭。有時候北海道強

風一吹，還會把雪整個從地上捲起來，這種時候雨傘連擋都擋不住。撐傘的危險時刻，尤其是在剛開始下雪的初冬或是春天。因為氣溫較高，所以下的是水分較多又大片的濕雪，通常這種濕雪撐傘，我保證雨傘的重量絕對會比一杯啤酒還來得重。

初雪過後，氣溫大概都在0度到5度左右。雪地裡的雪通常會變成雪泥狀的冰泥，我都簡稱為咖啡雪泥。這種雪地也是我們北海道人最討厭的，除了一定會把整雙鞋搞得亂七八糟之外，外出更要小心不能和車子靠得太近，否則鐵定會被咖啡雪泥噴得全身都是。在這種天氣出門，只會搞得自己更狼狽不堪。

這種泥濘不堪的雪地，只要溫度一降低，路面馬上就會變成冰磚地。夏天出門可以拖到最後一刻，但這種冰磚最要不得的就是走太快，很容易一不留神就跌得四腳朝天。對我們道民來說，也是挑戰度很高的一種雪地路面。

有天，在往車站方向走去時，我發現整條路都變成了冰磚路，而且也沒有撒上任何防滑的砂子。小心翼翼地從外套口袋掏出放在裡頭取暖的手，一個不注意，就在一秒不到的時間，我已經躺在了地上。

「不會吧！今年的第一個冬天才剛開始就滑倒了……也算是破了自己的紀錄。」

跌倒時，從隙縫看到我後面的路人，只是默默地站了幾秒鐘後，接著就往對面的人行道上走過去。我跌在一條一下雪就會變成單行道的人行道上，似乎阻礙到了這位正趕著去上班的路人。再一個原

因就是，北海道人看到有路人跌倒，通常會貼心地假裝沒有看見。

今年的第一跌，好痛。

到了中午，我的左手掌、右邊屁股、左腳膝蓋漸漸腫了起來，整個身體也非常痠痛。從身體疼痛的地方看來，大概也可推知自己跌倒的姿勢是什麼模樣了。

北海道整骨院的開設比例非常高，就拿我居住過3年的小樽來說好了，每走幾分鐘就可以看到整骨院的招牌。曾經聽過北海道民笑稱，都是因為冬天很容易滑倒，所以整骨院的數量才會比其他城市都還要多。雖然實際原因是因為高齡者人口多的緣故，但也不難看出在雪地上跌倒這件事，對道民們來說有多家常便飯了。

冬

最有震撼力的鬧鐘

除雪機は真夜中のアラーム。

「昨晚太激烈了，完全睡不著啊！」

只要前一晚下大雪的隔天聽見這句話，北海道民都知道你在說什麼。大型剷雪車開過家門口，轟隆轟隆的聲音，好幾次都讓我誤以為大地震要來了。而且每次聲音響起的時間非常準時，一看鬧鐘，絕對是凌晨5點鐘。

剷雪車會把主要道路上的雪清除乾淨，但自家庭院門口和車子上的埋雪，還是得要自己處理。因此，每天早上都要花個15分鐘做簡單的除雪。如果雪量少，就可以悠閒一點慢慢弄，但如果雪量一多，那肯定又是個慌慌張張的早晨。要把這當作是晨間運動也可以，總之，冬季一天的展開，就是從除雪開始。每次看到一早就必須起床清雪的居民，就可以深刻體會在北國生活真的沒有想像中浪漫。

原本二線道的馬路，會因為剷雪車把積雪堆到路旁，讓二線道瞬間變成了一線道。加上路面凍結，因此大家都很小心翼翼地開車，速度自然也放慢了。為了不遲到，提早半小時甚至一個小時出門搭車都是很正常的事。也因為大家都小心翼翼開車，北海道冬天發生交通事故死亡的比例，遠比夏天來得少很多。

這樣的情況，會持續到冬天接近尾聲，剷雪車終於把那些堆在路肩，比人還要高的雪堆給運走時，車道才會恢復成二線道，把寬敞的馬路歸還給道民。

排雪中
札幌市
除雪作業車

M3・4 BLD.
和牛

押ボタン式

暖氣費千萬不能省

貯金か？暖房か？

在北海道生活的這幾年，聽過菜錢要省、水費要省，就是沒有聽過暖氣費要省。

對道民來說，暖氣費絕對不能省，也不想省！全日本冬天就屬北海道的家裡最溫暖，冬天室內溫度甚至比沖繩溫度還要高，因此，冬天在家裡只要穿一件薄上衣就夠了。

「你們家暖氣費多少啊？」現在北海道的房子結構都是高氣密高斷熱，玻璃門窗一定是兩層以上，除了可以防寒，更可以防止結露水，為的就是不讓暖氣從房子的小小洞縫跑出去。因此，每個月的暖氣費如果越少，代表家裡花在建築上的斷熱性能和氣密性能費用也就越高，甚至從房子的建築費花多少，就可以判斷是否為有錢人。

不過，還好北海道的大企業有個不成文的規定，冬天時期，薪水裡都會多一項「暖房手当」（暖氣補助費）的補助，而且每個公司的規定都不同。就職至今遇到的兩家公司，一間是補助一萬五千日元，另一間則是補助三千日元，兩邊數字足足差了五倍之多。

我們家的暖氣是直接埋在地板層裡的「床暖房」，腳踩在地板上的時候感覺暖烘烘的，非常舒服。北海道的暖氣通常是24小時運作，開開關關反而會耗電。如果一整天都沒有外出的話，其實還有可能會忘記自己身在北海道呢。不管外面的溫度到了負10幾度，只要躲在家裡面，照樣可以穿短袖吃冰。

也因此，卡通「櫻桃小丸子」裡看到的暖爐桌，北海道人通常是不使用的。如果家裡真的有那種暖爐桌的人，大多也是拿來當成麻將桌，用來娛樂的功能遠大於驅走寒冷。

超厲害的鏟雪工具
ママダンプ

冬の味方「ママダンプ」。

稍微留意觀察一下北海道的房子就會發現，三角形屋頂的房子，通常不會和鄰居的房子靠得太近。這是因為屋頂積雪的時候，雪滑落下來很有可能會打破隔壁住家的窗戶，所以北海道的建築法規明定，三角形的屋頂建築之間，必須有一定距離的間隔。

因此，在札幌市區的建築，屋頂大多以正常的方形平面為主，而三角形的屋頂建築，則多座落在地區較寬廣的地方，像是道北、道東等等。

三角形的屋頂雖說可以讓雪自動滑落，不會增加屋頂的壓力，但若是自家周圍沒有足夠的空地來銜接掉下來的雪，而是掉到鄰居地盤的話，可是會讓鄰居關係迅速凍結的。「雪」，絕對是北海道最容易造成和鄰居關係破裂的最大原因。

札幌市區因為人口密集，因此屋頂大多採用四方形的無落雪屋頂，這樣一來就不用擔心會有雪掉落到鄰居地盤的問題。然而，正因為

不像三角屋頂雪會因重量而自動滑落，對於積雪，就只好定期爬到屋頂上清理，我們稱這叫作「雪おろし」。一個冬季裡，平均要清理兩三次左右，否則，房子很快就會被雪的壓力給壓垮。

雪不會融化，只會越積越多。比起剷雪這件事，更讓人頭痛的問題是：從屋頂清下來的雪該丟去哪裡？北海道民處理雪堆，通常有以下幾種方式。

第一、把雪堆用そり（雪橇）拉到公園去丟（一到冬天，公園就變身為最天然的雪垃圾場）。

第二、有些住家庭院設有融雪槽，鏟下來的雪就直接丟到地下的地熱融雪槽裡，靠著熱氣和熱水將雪融化。我家鄰居就有一台裝備，不過，初期的設置費用和瓦斯費、電費都相當可觀，五十萬日元跑不掉。

第三、直接請處理積雪的業者把堆積在庭院的雪運走，一整個冬天費用大約是二萬日元左右。但在業者運走之前，一開始的鏟雪和集中堆放，還是得要自己來。

或許是因為鏟雪的緣故，北海道人有個通病，就是腰都不太好。每次鏟個雪整個骨頭就像快散掉似的，非常辛苦。即使穿戴了滑雪手套來鏟雪，但最後手套還是會因為過度使用而變得破破爛爛，由此也可想見鏟雪次數的繁複。

我們家最常使用的工具就是紅色的「ママダンプ媽媽剷雪器」。這是非常好用的鏟雪工具，在大型的方形塑膠盆上加上把手，雖然外型看起來笨重，但實際上卻很輕，又可以運載大量的雪，深受媽媽們歡迎。

身為北海道的主婦，每到了冬季晚上，大家煩惱的不是今天晚餐要煮什麼，而是除雪該怎麼辦才好，而這個厲害的鏟雪用具，一開始就是為了讓女性朋友也可以方便除雪而開發的用具，最常見的顏色為紅色，希望女性朋友也可以像開著貨車（DANPU）一樣，輕鬆地運送大量的雪。「ママダンプ媽媽剷雪器」，可真是媽媽們最得力的好幫手！

氣溫 0 度很暖和，下雪吃冰很正常

「今日は暖かいよ！」「え！0度？？」

每天早上，總是很感謝好心人士的剷雪或者是早起的人出門當開路先鋒，開闢出人行道上一條好走的路。

北海道人對於這種多雪的日子早就已經習慣，不管是在住宅、交通或是道路上，對於積雪的措施都做好了各種防範。

電視上傳來東京受到大雪影響，發布下午3、4點就提前回家的消息。一向連颱風假都不放的東京公司，竟然放了「雪假」？看著東京居民上傳網路的「積雪」照片，再看看窗外的北國雪景，北海道居民有點啼笑皆非，心想：這不就是下雪而已嗎？東京居民說的「積雪了」，對北海道居民而言，根本是小菜一碟；厚度20公分以上才是積雪，對北海道人來說才是交通癱瘓，因此，每當東京下雪時，北海道民就會有種莫名的優越感。

說到交通癱瘓，北海道人認知的交通癱瘓，是指因為猛吹雪讓車

道上的車子瞬間被埋沒在雪堆裡；而所謂的大雪，則是到達已經有傷亡人數的等級才算數。因此，北海道民看到這些新聞時，經常都會出現非常不可思議的表情，對這些「內地人」（北海道較年長的人都稱北海道以外的地區為內地人）的行徑充滿問號。

只要氣溫在0度以上，北海道人就會覺得溫暖。因此，北海道人在講溫度時，通常會自動省略負度。

雖然平均溫度在0度以下是很正常的事，但冬季的氣溫有時候還是會攀升回0度以上，這時候大家就會說：「今天真是非常溫暖呢！」另外，有下雪時會比晴空萬里的好天氣來得溫暖，但在內地人眼裡看來也相當驚奇：「下雪耶！怎麼會溫暖呢？」

令人匪夷所思的還不止如此。北海道民還喜歡在冬天的室溫下吃冰淇淋，覺得這樣子吃冰特別美味。從0度的戶外一進到室內，就會立刻換上短袖短褲大吃冰淇淋，是北海道民家裡經常可見的光景。

超拉風的嬰兒車

冬限定のベビーカー。

そり（雪橇）除了可以用來鏟雪之外，北海道民也會用そり來代替嬰兒車使用。

北海道一年當中約莫有半年時間不能使用嬰兒車，也因此，北海道成了全日本嬰兒車銷售量最低的地方。一到冬天，嬰兒推車都會收起來，取而代之的是塑膠雪橇上場，只要家裡有小孩的人，絕對都會備有一台。

そり的用途非常廣，除了把剷雪運到公園、當作嬰兒車使用之外，去超市買東西的時候，也可以當作購物車，直接把購買的物品放在塑膠雪橇上拉回家，非常好用。

只不過，粗心的爸媽有時候會拉著拉著覺得雪橇怎麼突然變輕了？轉頭一看，才發現小朋友掉在了半路上，趕忙回頭把小朋友撿回來。尤其在運載2歲前的孩童更需要注意安全，小小孩就算翻車了也不會大聲叫喊，因此拉雪橇的爸媽就得時不時地回頭看一下小孩是否還在，否則後果就嚴重了。

我有時候也會利用そり去買菜，偶爾掉一、兩支蔥在路上是常有的事。そり的存在，對北海道民，尤其是主婦來說，絕對是不可或缺的存在。

整個戶外都是我的大冰箱

冬のベランダは冷蔵庫。

明明昨天還是好天氣，今天可能就開始下起大雪積雪了。大雪總是來得又急又快，快到連氣象都無法在前一天預報，這樣的情況，通常我們都稱作「爆弾低気圧」。

下起豪雪時，有時積雪還可以高達二樓。老公的曾祖母家就曾經有過雪積到二樓，瞬間二樓變一樓，一樓變地下室，連門都打不開的經驗呢。

生活在有大半年都是冰天雪地狀態的北海道，只要能夠好好運用大自然，其實也能夠從中找到生活智慧。

像這種下雪的天氣，北海道民會將家裡的蔬菜、啤酒通通放在室外，把戶外當成大型的天然冷藏庫。只不過要注意的是，一般冰箱的冷藏庫溫度在2到5度之間，所以東西如果放在室外太久，一不小心很可能就會變成冷凍狀態。

而把蔬菜放在室外的雪堆裡，就像是裹著一條溫暖的棉被一樣，在冬天裡可以維持恆定的溫度，讓蔬果維持在0度左右，卻保證不會被凍傷。

只要記得，想冷凍的東西放室外，想要冷藏的東西放在兩層窗戶中間，就可達到冷凍與冷藏的效果。懂得巧妙運用，整個北海道戶外，就像是我家的大冰箱。

冬季的街道日常

雪国の暮らしの常識。

北海道人的冬季雖然佔了一年當中的一半，從11月到4月都是被白雪覆蓋的景象，但只要稍微留心一下小細節，還是能夠從冗長的冬天裡，找到一些不一樣的趣味日常。

一到冬天，路上的畫線停車格完全不見，到賣場裡購買日常生活用品時，只能憑印象判斷停車位置大概在哪裡，或者說很多時候根本就是亂停一通。值得慶幸的是，好在停車場佔地通常都非常大，其實根本也不需要什麼技術就可以停好，因此嚴格說來，北海道人的路邊停車技術應該都不是太好。

另外，由於大雪造成外出交通不便，因此冬天超市賣場推出的東西也都是大包裝，方便居民一次買足。例如醬油包裝是一大罐的寶特瓶，燒酒也是一整桶販售。水果類如橘子等等，也是一整箱而非一整袋販賣，有別於其他季節裡的包裝。

冬天如果搭巴士剛好坐在暖氣出風口，就會讓人覺得像是坐進了蒸氣室，空氣非常烱熱，透不過氣來。因此一下車時，也可以看見有人趁著上下車時大口呼吸著新鮮空氣。

對我來說，我最喜歡的冬季日常街景，還是果實艷紅的ナナカマド（七竈）。

尤其在大雪過後的隔天，ナナカマド上面積滿了白雪，可愛的模樣，總讓我忍不住停下腳步多看幾眼。在北海道，ナナカマド常被小鎮指定用來當成街道樹，對北海道民來說，是再熟悉不過的路樹。

ナナカマド是北海道時序一進入秋天，第一個先轉紅的植物。即使到了嚴冬，這些小小赤紅的果實也不會腐爛。鮮豔的紅，在冬天幾乎只有黑白兩色的北海道，對交通安全的提醒多少有些幫助；在白雪當中所照映出來的紅，也讓寒冬更顯得溫暖。

一日三餐！
這才是北海道的飲食文化

Table Talks

蝦夷山葵

蝦夷山わさび

只要有了山葵醬油，不管幾碗飯都吃得下肚。

蝦夷山葵，在北海道算是再定番不過的基本辛香料提味食材。不過比起一般的品種，北海道山葵更辣上1.5倍。還記得第一次吃到山葵時，第一口嚐到的辣度遠超乎我的想像，但是接下來的後味卻又非常清爽，奇妙的味道真的會讓人上癮。

雖然在超市也可以買到山葵，但是道民總是會說：「山葵何必去超市買？我們都是去山上採野生的回來呢！」想吃就去山裡採這件事，我想除了居住在當地的北海道民以外，應該是不太能理解與體會的。

北海道蝦夷山葵和我們一般在壽司店吃到的綠色山葵不一樣。新

鮮的山葵顏色呈現白色，所以我通常都會盡量挑選白色來購買，但是一旦山葵的新鮮度漸漸不見，就會變成黃色或者是茶色，並且山葵獨特的香氣也會減弱。

北海道民對於山葵的應用非常普遍，除了搭配食用之外，也會用山葵來當作辛香料提味食材。即便不是產季，北海道民的家裡冰箱也通常會放上一罐家家戶戶自製的「醃漬山葵醬油」。尤其是把家裡自製的山葵醬和生雞蛋一起放在白飯上拌著吃，絕對是北海道人最定番的吃法。那種入口的微微嗆辣感，搭配蛋黃香氣，比起日本人最愛的生雞蛋配醬油，這一款風味搭配更對道民的味。

像這種山葵搭配醬油的吃法，也可以在札幌的牛排店看到山葵醬油成為沾醬的其中一款選擇。而且，選擇山葵醬油而非黑胡椒醬的道民佔了絕大多數，這可是當地居民最人氣的吃法。的確，「山葵醤油」讓牛排的味道吃起來味道更豐富，先是山葵的強烈辣味衝上鼻腔，之後伴隨而來的清爽口感，真的會讓人上癮。現在的我到牛排店用餐，也是選擇山葵醬油作為風味沾醬。

把生的山葵磨細後，放進保存用玻璃罐裡，加上日本酒和味醂調味，放在冰箱裡當作保存食。有時配上脆脆的花枝生魚片，或者放在冷凍豆腐上面拌著食用，或是和炒肉片一起搭著吃都非常美味，幾乎是萬搭的調味品。尤其在食慾低落的炎熱夏天，更有促進胃口的效果。

要說山葵多深入道民的生活，走一趟北海道的超商就可以知道。山葵醬油口味飯糰、山葵醬油洋芋片等等，從這些屬於北海道限定口味的食物上來看，便不難看出北海道民對山葵的熱愛。

流冰結束後的毛蟹

流氷明け毛ガニ

「這是我們親戚家前幾天在道東那邊捕撈的，剛剛才收到的冷藏宅配毛蟹，如果不嫌棄的話，請收下吧！」

「這怎麼好意思呢！是毛蟹耶！」

「因為道東的親戚寄來了十幾隻，冰箱冰不下，加上也常常收到你們家的水果，就請收下吧！」

「這毛蟹還是活的耶！真是太感謝了！」

打開了保麗龍盒，發現毛蟹的腳還動了一下。雖然仍是新鮮活海鮮，但整個縮在盒子裡的牠，卻像是縮頭烏龜一樣，小心地觀察盒子世界以外的動靜。

北海道因為水產豐富，常常可以從鄰居那收到一些令人意外的驚喜，像是冬天的高級螃蟹：毛蟹。而這樣的日常交流，也經常在生活當中上演。

大家所熟知的帝王蟹其實北海道人不太食用，反而毛蟹才是道民們的最愛。

每年冬末春初時，被撈起的毛蟹，又稱為「流氷明け毛ガニ」。意思是這時候道東的流冰終於遠離岸邊，代表嚴寒的冬天要結束了；沒有了流冰，也表示漁船終於可以出海。被流冰覆蓋住的鄂霍克次海孕育了毛蟹，流冰帶來營養的浮游生物，毛蟹就吃著這些隨流冰一起而來的浮游生物，在反覆脫皮的過程中，毛蟹的蟹肉更加飽滿，流冰也使蟹肉Q彈緊實。當然，所捕獲的毛蟹如果不足大小的話，就會被再度放回大海。

在這個季節捕撈的毛蟹，可是被視為非常貴重的水產。雖然說很容易吃到螃蟹是在北海道的小小幸福，大小超市也都會販賣已經處理好的螃蟹讓人買回家料理，但在一年四季都可以吃到毛蟹的北海道，挑初春這個季節購買，絕對可以買到價錢公道又新鮮的品質。

毛蟹全身覆蓋著短又硬的剛毛，吃起來的確需要點技巧。比起松葉蟹，以及大家都熟知的帝王蟹，毛蟹體型略小，不知是否因為如此，所以沒有在觀光客心中留下好印象？

但在道民心目中，毛蟹的蟹肉味道和其它螃蟹完全不一樣，蟹肉非常細嫩，口感也非常鮮甜，從蟹腳、蟹螯到蟹身的肉質，味道都一樣好吃。每一口都可以吃到牠蓄滿養分的鮮美肉質，加上飽滿的蟹膏，比起帝王蟹和松葉蟹都還要來得好吃。

在北海道盛產的帝王蟹、松葉蟹、毛蟹當中，毛蟹是過年餐桌上一定會出現的年菜之一。餐桌上一人一隻毛蟹，形成餐桌上的人數和毛蟹數量1：1的趣味。而且在北海道還有個有趣現象，每次吃毛蟹的時候，會發現原本熱烈交談的大家突然安靜了下來，抬頭一看，大家都正專心地剝著螃蟹，這就是所謂「沒有聲音的對話」景象，也是另類趣味的北海道餐桌風景。

「水煮時要撒上一點鹽，味道會更好吃。」老公邊煮著毛蟹邊說著。「另外記得在水煮的時候，要把蟹殼朝下面放，這樣蟹黃等等就不會在加熱過程中溢出。」平常負責下廚的我，每當遇到要處理毛蟹料理時，還是會將這項工作交給道民老公比較安心。

道民們對於如何水煮毛蟹的小方法，以及如何解體食用一整隻毛蟹都相當清楚且得心應手。一開始會從腳開始撥殼，之後再從後面的屁股（三角形處）將殼分離。每次看老公熟練地剝著毛蟹，我都

會忍不問他真的沒有在螃蟹店打過工嗎？我想，這大概是北海道人從小練就一身的好絕技，不論大人小孩都具有撥一整隻毛蟹的本領。

「毛蟹因為喜歡吃魚貝類，所以蟹膏會比較橙黃。」

吃完毛蟹之後，老公會接著把日本酒倒入蟹殼中，頓時更是香氣四溢。而這樣的作法也是高級螃蟹料理亭可以吃到的餐點，道民簡簡單單在家裡就可以輕鬆完成。

在最早之前，毛蟹其實是被用來當作農田肥料的。之後雖然慢慢開始有了毛蟹罐頭，但卻沒有很多人食用，更不要說被拿來當作高級食材。直到第二次世界大戰，因為食物供給有限，道民才又突然想起毛蟹這種食物。在長萬部小鎮的夫婦，更想到可以賣毛蟹便當，以及販賣一整隻用報紙包起來的水煮毛蟹，因此，從那時開始，北海道毛蟹才真正受到居民的重視直至今日。

而那個毛蟹蟹肉便當，也是我第一次使用「青春18」（日本鐵路票券名稱，JR全日本普通列車無限乘坐的套票）從香川到北海道的時候，第一次吃到的鐵路便當，至今仍帶給我難忘的回憶。

感謝有著剛硬外型的毛蟹，不時溫柔地出現在我的北海道生活。

玉米飯

とうきびご飯

從十勝帶廣老家帶回來二十多支玉米，眼看快吃不完，決定趁新鮮分給對面的鄰居吉田家。

「這怎麼好意思！你們家的垃圾丟棄處很遠吧，如果不嫌棄的話，可以丟在我們家旁邊的垃圾指定處唷！」吉田先生邊指著一旁的垃圾指定處邊說著。那是距離我們家走路不用十步就可到達的垃圾放置所。

日本的巷弄都有規定放垃圾的地方，而我們家被規定的放置所非常遠，光是走路就要花上三分鐘，剛好可以用這五根十勝產的玉米，換得將自家垃圾拿到對面走路不用十步路的垃圾回收區放置，還順道交流了一下鄰居關係。

至於還剩下的十幾根玉米，我用它來烹煮玉米飯。這是曾經到過的惠庭小鎮，一位叫作吉田的農家傳授給我的炊飯方式。

「我們玉米農家最多的就是玉米了，直接把玉米粒放到飯鍋裡一起炊煮，那白飯和玉米的甜味可真是甜上加甜呢！」而且農家吉田先生還告訴我，玉米飯好吃的祕密，其實就在玉米芯裡。

一到夏天，就是北海道的玉米產季，北海道人甚至還替玉米取了一個暱稱「とうきび」（TOKIBI），這個北海道方言，北海道外的人可能還聽不懂呢！

一般家庭最普遍常見的玉米烹煮方式就是水煮，過鹽水，一整根拿起來啃，吃得到玉米的鮮甜，也是北海道人最豪邁的吃法。有時候去露營，我們還會將整根玉米連皮放下去烤，烤熟之後撥開外皮直接吃，那味道真是美味得讓人難忘！這也算是一種北海道露營的定番吃法。

「媽媽，我今天晚上也要吃玉米飯。」鮮甜美味的玉米飯不僅烹煮非常簡單，黃澄澄的米飯看起來也非常可口、賣相極佳，讓主婦非常有成就感。因此，許多家裡有小孩的家庭主婦幾乎都會烹煮玉米飯，而這道菜也是我家小星經常指定的菜色之一。

只要把新鮮玉米剝皮，切成三段，再用菜刀切下玉米粒，加入兩合米搭配４００ｃｃ的水中，再加一小匙的鹽巴和日本酒，放到電鍋裡，就像一般煮白米飯的程序就可以大功告成。打開鍋蓋時，玉米的香氣隨著蒸氣瞬間散開撲鼻而來，絕對會令人食指大動。這清甜的玉米飯就是我們北海道人夏天飯桌上的定番炊飯，大人食用時可以再加點醬油和奶油，撒上黑胡椒粉，變成大人口味的玉米炊飯。

煮玉米飯要在最後蓋上鍋蓋時，把光溜溜的玉米芯也一起放進鍋

子裡，因為玉米芯含有胚芽，谷氨酸和丙氨酸會促使玉米芯流出美味湯汁，這就是讓米飯變得香甜的重點，米飯的香氣也會更加升級！而且聽說有些人家為了提升香氣和保存更多營養，甚至連玉米鬚和玉米皮都會一起放入電鍋裡蒸煮呢！

新鮮的玉米吃得到脆脆、甜甜的口感。除了農家新鮮採摘的玉米，我還特別喜歡使用高品質的北海道玉米品牌「惠味ゴールド」（惠味黃金）。只要和在地人對話中說得出惠味黃金這個玉米品牌，基本上都可以算得上是北海道通。一般我們吃到的玉米甜度大約是12度，北海道的哈密瓜甜度大約在15度左右，但是惠味黃金的甜度竟然可以到18度，甜度比水果都還要甜呢！所以每次在吃的時候，我總會習慣放一杯水在旁邊（笑）。

惠味黃金玉米的玉米粒每一顆都非常飽滿圓潤，玉米膜比起其他玉米還要來得薄，因此吃起來非常柔軟，小朋友也可以安心食用。如果想嚐嚐甜死人不償命的北海道甜玉米，認明惠味ゴールド玉米品牌就不會錯。

在玉米盛產的季節，北海道的家庭主婦都會想辦法把這道夏天的美味發揮到淋漓盡致。除了水煮玉米、玉米飯之外，也會將剩餘的玉米飯隔天製做成飯糰讓家人帶便當。玉米的鮮豔金黃，就像是滿滿的元氣一樣，讓家人吃得營養又健康。尤其日式飯糰的製作省時省力又簡單，只要用平底鍋小火慢烤，就可以把米飯烤得香香酥酥的，玉米的焦邊，就像札幌大通公園裡賣的烤玉米，充滿了香氣。家裡的小朋友鬧脾氣不吃飯時，這道玉米飯糰絕對能收服小朋友的心。這，就是北海道玉米的魔力。

秋刀魚炊飯

さんま炊き込みご飯

傍晚和從保育園放學的小星走在回家路上，一旁的住宅區傳來烤魚的陣陣香氣。

「啊～！是烤秋刀魚的香味呢！」

這個烤魚香味對我來說，是一種特別的北海道秋天嗅覺記憶。每當冷冽的空氣混雜著這種烤秋刀魚香氣，即意味著季節將進入秋天的訊息。

秋天盛產的秋刀魚，在札幌的超市甚至可以用一尾約50日元的超便宜價格就買到。誇張點說，北海道秋天的秋刀魚，也是除了第一名的豆芽菜之外，超市所販售的第二便宜食材。而北海道人最常做的秋刀魚料理，除了火烤之外，另一種就是做成「秋刀魚炊飯（サンマ炊き込みご飯）」，這也算是一道自己還滿得心應手的拿手菜，是我的祕密武器料理。

當然，在其他季節超市也有販賣秋刀魚，只是都是冷凍的產品。若要秋刀魚炊飯美味好吃，則一定要用生的秋刀魚，才不會覺得味道少一味。

「我女朋友昨天做的秋刀魚炊飯有夠好吃！昨天還剩一點點，我今天要快點下班回家把它吃完！」同事的這句話，也讓我見識到秋刀魚炊飯竟然有這麼大魅力，讓平時嗜加班如命的日本人，可以為了秋刀魚炊飯早點回家吃飯。

一直以來，我都以為炊飯只能走「五目風」（五目炊飯是日本常見的家庭料理，顧名思義是在飯裡添加五種料，常見的有牛蒡、蒟蒻、菇類、豆皮與雞肉），沒想到還有秋刀魚炊飯這點子。當學會這道秋刀魚炊飯料理時，每到秋天我都很期待用新鮮的秋刀魚做炊飯給老公吃。

「今天晚上可以吃秋刀魚炊飯嗎？」老公出門上班前，滿懷期待地這樣問著，看來全天下的男人好像都一樣，同事的女友用秋刀魚炊飯抓住了男朋友的胃，而我也用這道料理，擄獲了老公的心。

烤秋刀魚炊飯

準備材料：新鮮秋刀魚、蔥、薑絲

作法：

1. 將新鮮秋刀魚放在烤網上均勻烤熟。
2. 在陶鍋裡放入洗好的白米，加入炊飯醬汁後，放上大量的生薑絲，再把烤好的秋刀魚平均放入。
3. 以陶鍋煮熟米飯之後，在秋刀魚上撒上蔥花及些許薑絲。
4. 將秋刀魚肉均勻拌入米飯中即可食用。

初春的蘆筍

初物アスパラガス

「哇！這麼漂亮又這麼大支的蘆筍還是第一次看到呢！」回想起剛到北海道過完第一個寒冬，初春時在超市看到蘆筍時的情景，驚艷著北海道的蘆筍竟然能長得這麼粗壯，有別於印象中的蘆筍模樣。

北海道冬季嚴寒的氣候，無法讓根莖葉類的蔬菜生長，必須仰賴北海道以外的地區運送過來，因此蔬菜價格通常會比平常貴上三、四倍，甚至比東京的價格還要貴上許多。所以一進入春天，就是北海道主婦最開心的時候，因為超市的蔬菜價格終於下降，終於可以讓家人好好地大吃蔬菜一番。

蘆筍是北海道入春後的第一個野菜。

沒有梅雨季的北海道，由於位在高緯度，農作物的日照時間長，光合作用也比較旺盛。尤其內陸型氣候，讓夏天和冬天氣溫相差了

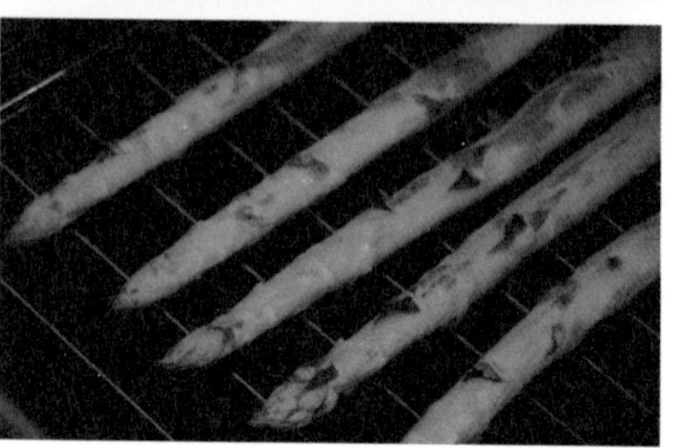

60度左右，再加上日夜溫差所致，使得蘆筍的好滋味全都濃縮在一起；另外，北海道從10月就開始下雪，有將近半年時間土讓都在雪地下面，土壤保持足夠的肥沃養分，因此雪融化的春天，第一個從土壤裡生長出來的蔬菜—蘆筍，其鮮甜程度完全不難想見。

產期只有短短一個半月的蘆筍，最好吃的時期是5月中旬左右。在超市剛上市時，這時候的蘆筍甜度最高，之後採收的甜分會慢慢遞減，蘆筍外皮也會越來越厚。

而北海道超市販賣的蘆筍除了綠色以外，有時候也可以看見白色和紫色的蘆筍。白色蘆筍帶點苦味，而紫色蘆筍則是味道濃郁，不同口感的蘆筍都有各自的愛好者。

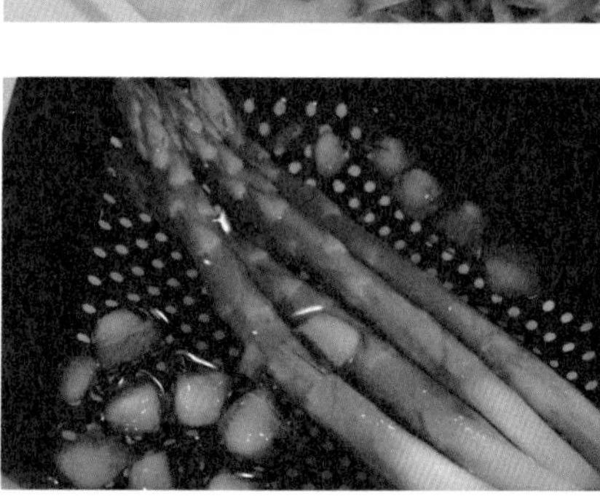

從超市買到的蘆筍，通常外型不是很粗一根，就是偏向纖細。這是因為北海道的蘆筍罐頭工廠，會將標準的L尺寸蘆筍用來製作成蘆筍罐頭，比較好填裝；其餘較粗或較細的蘆筍，則被歸類為規格外尺寸，發送到北海道的各地超市販售。大尺寸的蘆筍會被製成蘆筍禮盒，送往各大百貨公司，成為道民春天送禮時很愛挑選的最佳伴手禮。

「絕對不能把蘆筍橫放，一定要用濕報紙捲起來之後，將蘆筍直立放好，才不會折損蘆筍能量，讓新鮮度下降。」這是從北海道婆婆那裡學回來的蘆筍保存秘方。

台灣人食用蘆筍時，通常會把頭部外皮較粗的部分折斷，但是北海道婆婆教我只要用削皮器稍微把外皮輕輕削除就很美味，又不會浪費食物。

蘆筍的處理方式看似簡單，但也需要點小技巧。先將根部燙煮10秒，再整根放入冰水中40秒；如果要炒的話，建議蘆筍切斜面，這樣面積較大較容易吸收味道，料理後的蘆筍會非常清甜，非常柔軟好吃，幾乎吃不到纖維。

而北海道流的白色蘆筍吃法，其實是蘆筍農家最推薦的。

「蘆筍用烤的會讓美味更加分！」這是一位北海道

蘆筍農家曾經教我的料理方式。

在靠近頭部的地方切一圈，塗上橄欖油，直接在烤盤上烤，有點像是北海道人在吃烤玉米的吃法。烤得差不多後，輕輕一按下去，水分就跑出來了，這就是蘆筍新鮮的證明。

用這樣子的方式吃到的白色蘆筍會非常多汁，口感有一點點苦中帶甜，而且那種獨特的苦甘味，更會讓人感覺到北海道的春天氣息。

至於紫色的蘆筍，味道則是非常濃郁又甘甜，口感吃起來也比其他蘆筍更扎實，還帶有一點北海道大地的草香味，連根部都非常柔軟。我家最常的吃法就是直接生吃，或是做成生菜沙拉。因為紫色蘆筍下熱水氽燙之後，顏色會變成綠色，若煮熟來吃，那就失去了買紫色蘆筍的意義了。

北海道各個產地所生產的蘆筍風味其實都不太一樣，而且每一家超市進貨的產地也都不同。喜歡吃蘆筍的我，每到了蘆筍盛產季就會到住家附近的各個超市去尋找蘆筍，吃吃看哪一家超市賣的蘆筍味道我比較喜歡。

在所有的北海道蔬菜裡，最值得在北海道品嚐的絕對非蘆筍莫屬，這點可能連身在北海道的道民們都沒有察覺。因為蘆筍要現採現吃最新鮮，之後鮮度會直直滑落，新鮮度大約只能維持一個星期。所以每當我從超市拎著大包小包食材回家後，第一件事情一定是先處理蘆筍，在最短的時間內把蘆筍給料理完畢吃下肚，才不會浪費北海道蘆筍如此得天獨厚的美味。

越冬馬鈴薯

越冬じゃがいも

北海道是生產馬鈴薯的重要產地，日本國內有八成的馬鈴薯幾乎都是來自這裡。最主要的收穫期在秋天，因此9月是農家們最忙碌的時節，不但要收穫秋季的馬鈴薯，還要忙著在冬天來臨前，把馬鈴薯埋到雪地裡「雪藏」，等待明年春天來臨。

雖然9月剛收成的「新馬鈴薯」非常受到注目，但經過雪室熟成的越冬馬鈴薯，其實更加美味，我覺得甚至比新馬鈴薯都還要來的好吃。因此每當過完冬天，我們家最期待的蔬菜之一就是越冬馬鈴薯。這是繼秋天之後，馬鈴薯第二個好吃的季節。埋在雪地裡的馬鈴薯，就像是冷藏在自然冰庫一樣，經過大地冰雪的滋潤，儲存了更多的糖分，甜味增加之外，味道香氣也更濃厚，甜度更是一般馬鈴薯的17倍呢！

馬鈴薯的細胞在接近0度低溫的時候，細胞內的澱粉會開始轉換成糖分，這是農作物為了防止結凍而開始啟動的自我保護機能，也是農作物因而變得較甜的原因。而且像這樣利用大自然的降雪，在倉庫裡面「雪藏」馬鈴薯，使其甜味增加，一整年都可以出貨的農家不在少數。這些生產者運用了北海道的雪和寒冷氣候，從中殺出一條生路，也展現出因地而生的農家智慧。

「這次是您第一次向我們訂購馬鈴薯；雖然各種類的馬鈴薯總計只有三公斤，但由於是第一次下單，我們免費幫您增加到五公斤。」比起大家熟知的「男爵馬鈴薯」或者是「きたあかり」北海道馬鈴薯品牌，我更喜歡果肉顏色比較特別一點的馬鈴薯。於是上網找了評價不錯的十勝越冬馬鈴薯

シャドークイーン

外皮雖然接近黑色，但裡面的果肉是鮮豔紫色，形狀接近長橢圓形。

農家，訂了些品種較少見的馬鈴薯。

由於馬鈴薯歷經了一個寒冬封存，因此表面難免有些受傷、皺紋或是斑點。加上馬鈴薯只要一碰到光就會開始長芽，所以我們家都是把馬鈴薯放在不透光的黑色塑膠袋後，再放到箱子裡保存。

即便外觀或許不是最好的賣相，但仍無損馬鈴薯的美味。除了可以用來做成馬鈴薯燉肉或是炸馬鈴薯等日本常見家庭料理，由於北海道的緯度和北歐差不多，因此我也常用它來做一些北歐料理，例如香料風味烤馬鈴薯。每當烤好的鬆軟酥脆馬鈴薯送入口中瞬間，全家人都會因為越冬馬鈴薯的美味而深情相望，成為餐桌上一道不用言語，就能完全傳達幸福情感的美味料理。

いんかのめざめ

「印加的覺醒」這個馬鈴薯品牌，連北海道人都不太有機會吃到。由於栽培難度比較高，因此如果農家生病或者其他因素，收穫量就會大大減少。
黃色的果肉長久悶煮也不容易崩壞軟爛，適合用來當作炸薯條。吃起來有點像是栗子的味道。而且經過低溫儲存，糖分增加，這款馬鈴薯尤其變得更加香甜，口感有點像番薯。

ノーザンルビー

外型有點像番薯。裡頭的果肉像是粉紅色寶石一般，即使調理過後，顏色也不會不見，依舊帶著美麗色澤。

行者蒜北海道山菜

行者ニンニク

行者蒜北海道山菜，是北海道大自然給的春天禮物。

對道民來說，行者ニンニク山菜是春天的味道，尤其和成吉思汗一起烤來吃，味道真的是只能用滿分來形容。好幾年前，第一次吃到的時候，驚艷怎麼會有味道那麼像大蒜的深山野菜，而且價錢不菲。如果硬要用一種食物來比喻，我覺得它就像是「北海道的臭豆腐」，聞起來味道非常重，但吃進嘴裡卻非常香，一喜歡上，就很難戒掉。

行者ニンニク山菜和大蒜的味道非常相似，又有一個稱號叫作「愛奴蔥」。據說以前在山裡的修行者為了要補充營養和體力，就是採摘這種山菜來吃，因而有了「行者ニンニク」的名字。但還有另一種說法是，因為吃了這種山菜後會過於滋補，所以修行中的人是禁

止食用的。雖然這兩種說法並沒有絕對的定論，但都無損於北海道人對它的喜愛。

由於產量非常稀少，一般超市很少看到行者ニンニク山菜販賣。反而在北海道的深山休息站比較常見，而這些都是北海道在地人在山裡採摘之後，再賣給休息站的。

這些深山裡的野生行者ニンニク山菜，根部有很多的泥土，因此採摘回來之後，要用清水先將其清洗乾淨，接著處理最重要的工作：去除靠近根部紫紅色的部分。行者ニンニク的強烈大蒜氣味，就是來自於這個紫紅色的部位，所以，可以依照自己的喜好，來決定留存與去除多少紫紅色的皮；如果不想要強烈大蒜味道的人，也可以將其全部清除。

接著用鹽水稍微汆燙過後，和醬油一起放到長形的保存容器裡醃漬。放到冰箱裡保存可以放到三個月左右，而且隨著時間愈久，醬油味道也會隨著變化。

這是一般北海道民最常做的醬油山菜保存食。但要說到最定番的吃法，當然還是炸天婦羅，把山菜的新鮮美味全都包裹在天婦羅裡面一口吃下。

醬油漬行者ニンニク山菜對道民來說，稱得上是另一款萬用調味料。不僅可以放到炒飯裡一起炒，或者是放到白飯上面直接配飯，或是和豬肉一起炒、包在餃子裡等等，都非常對味，深受道民們喜愛。某種食用層面來說，和北海道特有的山葵倒是挺像的。

也有些人會把醬油山菜和成吉思汗一起搭配著吃，那味道對於第一次吃到的「內地人」（北海道人會稱北海道以外的地方為內地）來說覺得非常可怕，但對北海道民來說，卻是再熟悉不過的味道，像是看到好久不見的老朋友一樣。

吃了一口行者ニンニク，強烈的味道，會讓人有一種瞬間從冬天切換到春天的感覺。只是，行者ニンニク山菜強烈的氣味，食用者自己並不會有太大的感覺，周圍的人卻會因為你嘴巴發出的味道而離你遠遠的，因此，要好好大啖行者ニンニク山菜的話，我通常都會選在週五的晚上。

不論是醬油ニンニク或者是天婦羅山菜，都是非常好的下酒菜。

把在山裡採到的山菜炸成天婦羅配上啤酒，山菜的鮮味和啤酒的苦味，在口中形成難以形容的絕配。雖然說自己上山採行者ニンニク非常不容易，回來之後還要花上好幾個小時處理冷藏，但比起在超市販賣，小小一包只有3、4根就要好幾百塊的山菜，我還是覺得自己親手採摘的特別好吃，特別有感恩的心。這是行者ニンニク山菜對我來說，另一種修行的意義。

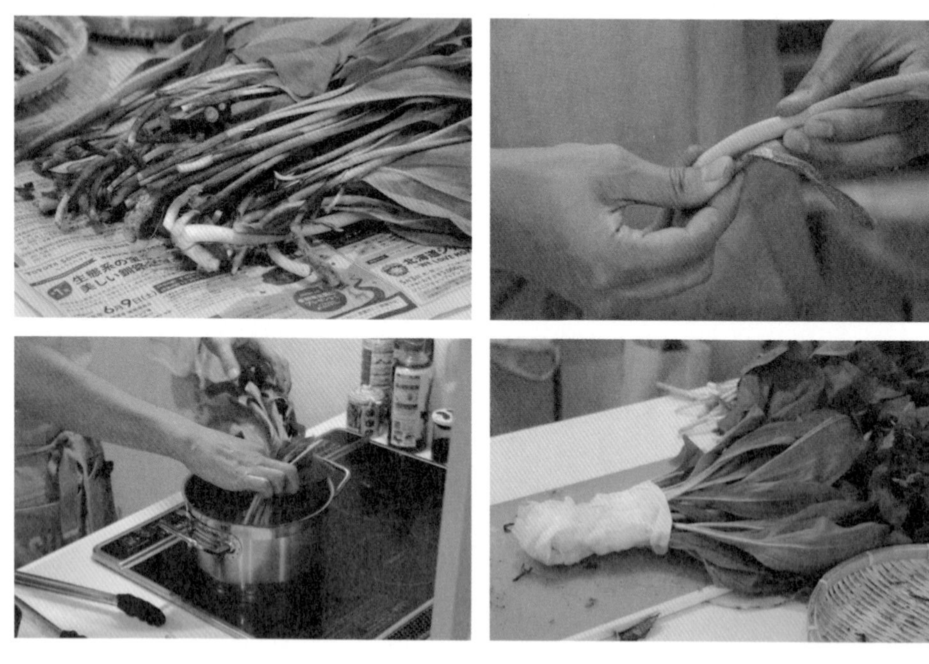

自家製
醬油醃漬鮭魚卵

自家製いくら醬油漬け

即使搬家了，有時候還是會繞去舊家附近，看看魚販伯伯們是否一樣充滿元氣。

還記得每回來這裡選購鮮魚時，他們總是會擔心我這個從台灣遠嫁來北海道的女生，不知會不會處理鮮魚料理，因此總會熱心地傳授一些師傅級的在地獨家作法給我。

「我們北海道的醬油醃漬鮭魚卵本來就是保存食品，所以醬油多加一點也沒關係。如果會馬上吃完，那就醬油少放一點，日本酒多一些。」

「如果吃不完也可以放在冷藏庫冰著，過年時還能拿出來應景呢！」

另一位魚販老闆也在一旁教我，深怕我會把這個北海道的傳統飲食文化給搞砸一般。

令人意外的是，日本這些專賣新鮮生魚的店並不比超市便宜，但

我總是喜歡來這裡感受一下人的溫度，還有請攤販魚師傅直接傳授我鮮魚的料理作法。

醬油醃漬鮭魚卵，是來北海道的人幾乎都會在壽司店必點的菜色。光是一碗舖滿鮭魚卵的丼飯，動輒要價三千多日元。不過這道料理北海道民幾乎都在家裡自製自食，一到秋天，家家戶戶就會開始精心製作醃漬鮭魚卵等常備食物，開始準備過冬。

每年8月到10月是北海道鮭魚洄游產卵的季節。這些野生的北海道鮭魚，由定置漁網海撈捕獲。每到秋天時節，市場上就能看見在販售新鮮的「生筋子」（在還沒有處理的狀態下，鮭魚卵的日文叫做「生筋子」）。一整條完整的生筋子，大約有三千多顆鮭魚卵。

北海道人自製的鮭魚卵，最後會加上醬油來調味，每個家庭做出來的風味也不太一樣。而道民真的少見在外頭吃鮭魚卵，因為真心覺得自己家裡做的最好吃，就如同我也覺得自己做的醬油醃漬鮭魚卵最美味一樣。而且口味還可以隨時調整味蕾最適合的味道。

「如果加太多味醂，鮭魚卵的薄膜分段會變得比較硬，因此只能加醬油和米酒唷！」這是北海道魚販師傅曾經教我的作法。但醬汁的作法，其實也會因為每個家庭口味喜好不同，加入的調味料和比例也不一樣。就像台灣媽媽的拿手滷肉飯家常菜，各有不同風味，但絕對是好吃擄獲人心的平民美食。而且比起壽司店裡昂貴的醃漬鮭魚卵，在自家附近鮮魚店購買生筋子、北海道產醬油和道產日本酒自製，相對便宜許多，完全不怕傷荷包，只怕鮭魚卵吃太多擔心會痛風。

一條約莫一千多台幣的生筋子，可以做成分10次享用的早餐配菜份量，或者豪邁享用的2、3碗份量鮭魚卵丼飯，當然最常見的就是自製成醬油醃漬鮭魚卵，分送給親朋好友，當作是聯繫情感的見面禮小物。今年我也從帶廣老家那邊拿到了幾罐好吃的醬油醃漬鮭魚卵呢。

有別於在北海道壽司店吃到的鹽味軍艦鮭魚卵壽司，北海道民自家醃漬的醬油鮭魚卵，絕對是定番中的定番。把這猶如紅寶石顏色的鮭魚卵放在北海道秋天新米上，那耀眼奪目的餐桌風景，一瞬間，真的會讓人覺得能夠住在北海道是那麼樣的幸福美好。

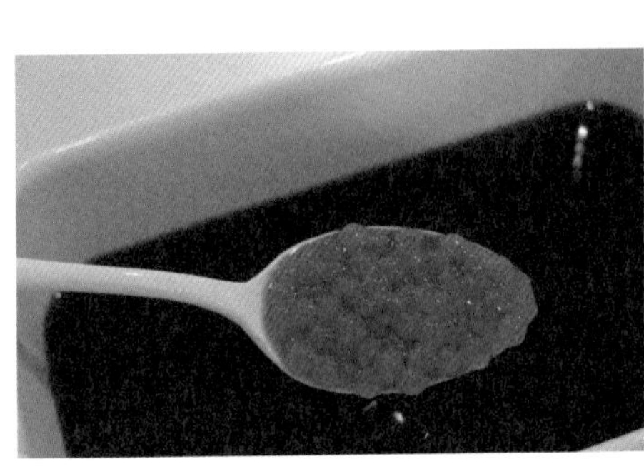

醬油醃漬鮭魚卵

準備材料：生筋子、醬油、日本酒
味醂、40度溫水、鹽

作法：

1. 鹽巴放入40度的溫水裡，鹹度大約和海水鹹度差不多。
2. 把生筋子放入溫鹹水中。碰到溫鹹水的生筋子，顏色會變成漂亮粉色。輕輕撥開生筋子，讓筋子和薄膜分離，從生筋子變成了鮭魚卵。
3. 這時鮭魚卵還會殘留些許血絲和薄膜，一顆一顆檢查是否清理乾淨，並用水來回沖洗5~10次，用濾網瀝乾水分。
4. 醃漬醬汁準備。醬油：日本酒：味醂的比例是2：1：1，煮開讓酒精蒸發後放涼，就可以將瀝乾的鮭魚卵加入醃漬醬汁了。
5. 醃漬約4小時左右，將醃漬醬汁倒掉，放在冷藏庫約可保存一個禮拜。

成吉思汗

ジンギスカン

「它簡直是肉料理的最高境界！」

「從出生以來吃了至少有一千次以上吧？」

「就跟吃咖哩飯的頻率是差不多的。」

成吉思汗，是北海道的平民美食首選。只要看到媽媽開始在餐桌上鋪報紙，孩子們就會非常興奮，因為這代表今天的晚餐是吃成吉思汗。

成吉思汗對道民來說，是再家常不過的料理。雖然札幌市區有兩百多間餐廳可以吃到這道料理，但是對道民來說，成吉思汗還是在自己家裡吃最好吃，最美味。

不管是朋友聚餐、考試結束、慶祝週末等任何生活中小小的理由，都可以端出成吉思汗。

成吉思汗共分成兩個派別：一種成吉思汗是先將羊肉烤熟，再沾醬汁的「後沾醬派」，另一種則是事先用醬汁醃漬好，再烤熟的「提前醃漬派」。

在自家享用的成吉思汗，通常是屬於後者。這些醃漬好的成吉思汗大部分從新鮮肉店購得，在專門肉店或是超市，都可以看到一包包整袋的成吉思汗醃漬肉販賣，像是「松尾成吉思汗」或者「長沼成吉思汗」等等各種廠牌，各有各的口味，擁護者各自喜愛的味道也不一樣。

在家裡吃的成吉思汗大部分是使用銅盤，先用洋蔥、蔬菜在銅盤周邊圍成一圈，中間再開始放肉，把肉等等都放在蔬菜上面，最後用烏龍麵結尾，這種吃法算是北海道的流儀。每當把肉放到銅盤上時，銷魂的白煙伴隨滋滋作響的烤肉聲，撲鼻而來的香氣已經讓人餓得可以吃下好幾碗白飯。

而且比起一般烤肉，成吉思汗吃起來油脂較清爽，胃也不會不舒服，更不會有食物在胃裡消化不良的感覺，可以一直持續吃，不會膩口。而吸收了肉汁和油質的蔬菜，更是吸收了所有精華，入口後可以吃到豐富的滋味。

「這圓形的切肉薄片是……？」我一邊整理著老公買回來的肉一邊問著。

「你不知道嗎？以前北海道人吃成吉思汗時，都是這樣吃的。這種圓形的薄片成吉思汗，對道民來說其實才是最定番的成吉思汗。」

比起較沒有羊騷味的ラム（未滿兩歲小羊），北海道人比較喜歡

吃マトン，也就是出生未滿一年的小羔羊肉。

マトン的肉質比較有彈性，羊騷味較濃，對北海道人來說，沒有腥味騷味的羊肉，就失去吃羊肉的意義。而且羊的所有個性，全部都濃縮在這種羊肉裡，只要喜歡上了這個味道，絕對就回不去ラム了!!

「豬肉、牛肉的油脂在37度左右會被人體吸收，羊肉油脂融化溫度則是42度左右，所以想要大吃肉食的時候，我們北海道人都是挑羊肉。」老公分享著更多關於成吉思汗的料理。

如同美國人聚餐歡慶時會做成BBQ，北海道人則是以成吉思汗為代表。而且北海道民的家裡冰箱，一定會放上一罐成吉思汗醬汁，作為日常沾醬使用。只是有些人喜歡ソラチ（味道比較濃，有蘋果甜味）醬汁，有些人則比較偏愛ベル（口感清爽）。

兩種醬汁各有各的支持者，但都同樣能把羊肉的美味口感發揮極致。不過……有時即使在想要來一點不同，而端上松阪牛上桌的時候，最後結果都還是配上成吉思汗醬汁使用，就像是我老公一樣。

鰊魚漬物

にしん漬け

北海道人在家常常會做的其中一種保存食就是鰊魚漬物（ニシン漬け）。

在下著初雪的北海道，男生通常負責除雪，女生則會負責製作鰊魚漬物，這道保存食也算是北海道家庭主婦的工作之一。

某次，請婆婆來家裡教我北海道傳統冬天漬物料理鰊魚漬物的作法，婆婆吩咐我先購買好札幌大球高麗菜備用。因為是北海道秋末蔬菜較少的季節，因此擔心買不到，便先打電話到家裡附近的野菜店詢問老闆。

「我們店裡後面的倉庫還有五十幾顆札幌大球高麗菜，這幾天下的這場大雪，家家戶戶都差不多開始準備鰊魚漬物，所以你放心，還有很多顆。」電話那頭八百屋野菜店的大哥這樣跟我說。

差不多在11月的第三個禮拜左右，是札幌大球高麗菜的產季。身

為北海道民的媳婦，牢記北海道特殊品種蔬菜的產季也算是重要工作之一。

秋末季節走到札幌的八百屋，可以看到無敵大顆的札幌大球高麗菜，一顆重達10公斤，價錢約在九百八十日元～一千二百日元左右。大球高麗菜體型比一般高麗菜大十倍，味道更甜也更脆。雖說體型很巨大，但是葉子的片數和一般高麗菜大小其實沒有什麼差別。

說到北海道冬天的保存食物，道民第一個聯想到的就是鯡魚漬物。11月底左右開始醃漬，讓一大桶的鯡魚漬物在戶外寒冬中熟成，差不多一個月左右時間，就可以在年末或明年初拿出來享用。因此，過年菜餚也常見這道菜色。在寒冬中慢慢發酵的鯡魚漬物，經常被用來當成日本過年的年菜之一，如果餐桌上少了這一道料理，就會讓人覺得好像少了點什麼。

北海道早期可以捕獲許多鯡魚，加上冬天無法吃到野菜的時期較長，因此鯡魚漬物算是冬天裡重要的保存食物。

「現在住公寓的人比較多，做這道料理的人也少了很多。做這種發酵食品，絕對不能放在室內，因為室內暖氣會讓鯡魚漬物整桶壞掉。所以從前只要一下雪，就是家家戶戶開始準備做鯡魚漬物的時候，然後將一整桶漬物放在自家庭院的雪堆裡，讓它自然發酵。」婆婆邊教我製作，邊聊著關於鯡魚漬物的話題。

「以前冬天的氣溫比現在還要更冷，所以從外面桶子挖出來的鯡魚漬物，大多都呈帶點碎冰狀態；現在年輕人大部分

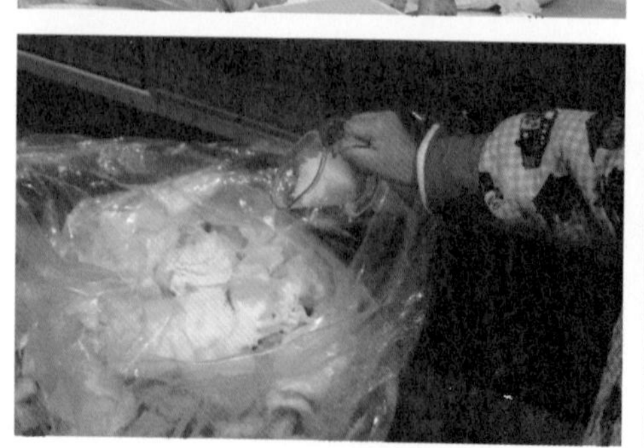

都選擇住公寓，雖然不用經常除雪是件好事，但也因為這樣真擔心鰊魚漬物失傳呢！」

「切高麗菜的時候，要切大片一點，吃起來會比較好吃。」

「蘿蔔、紅蘿蔔和生薑也不用削皮，會比較有營養；再把鹽麴、札幌大球高麗菜等一起放到大水桶裡，和鹽麴一起攪拌。只要加入鹽麴，就可以讓食物變得有生命力，提引出食物的原味。」

婆婆就像是一本北海道料理教科書，詳盡地分享所知，我也盡可能地筆記下來。

把乾燥過後的鰊魚，浸泡在水裡一個晚上後，切成適口大小。連同高麗菜、紅蘿蔔攪拌後，放進大水桶裡的塑膠袋中，加入總重量3%的自然鹽，上面再放上大約是一整桶漬物重量約兩倍左右的石頭，也就是10公斤重的石頭來鎮壓存封美味。

「以前的家庭常常做這道料理，尤其是盛產鰊魚的小樽，家家戶戶都備有做鰊魚的淡黃色大水桶。」婆婆邊處理著札幌大球高麗菜，邊跟我說著。

對道民們來說，鰊魚漬物就像自家製醬油醃漬鮭魚卵一樣，是再家常不過，卻美味無敵的一道料理。雖然作法大同小異，每一家吃到的風味各不相同，但每一口吃下的都是媽媽親手製作的最棒滋味。

在地嚴選
北海道私房

Selective Shops & Locations

長沼
小樽
富良野
美瑛
定山渓
ぬくもりの宿ふる川

MaY MARCHE

MaY MARCHE
011 - 532 - 1432
北海道札幌市中央区南 22 条西 6 - 16
營業時間　10：30～12：45
(6 月上旬到 10 月下旬的每個星期六)

每年夏天到秋天的星期六，從早上10點半開始，只有2個小時營業時間的歐式野菜市場，就位於札幌山鼻的住宅街上。

還不到10點半，現場已經有二十幾個人排隊。營業時間一到，眼前出現充滿元氣的外國人和服務人員們，和每一位排隊的客人拍手擊掌，在擊掌的同時，車庫鐵門緩緩上升，大家魚貫地往前拿竹籃依序地進到市場裡選購。

這樣的光景，有一瞬間會讓人錯覺這裡不是北海道，而是某個歐洲小鎮。

現場充滿著北海道的大地香氣、歐洲氛圍，天花板的水晶吊燈，把野菜們照得閃閃發亮。黑板上寫著蔬菜名，在黑板的陪襯下，蔬菜顏色顯得更為鮮豔，讓農家精心栽種的野菜，在這瞬間成了最佳主角。

有別於在超市陳列包著保鮮膜的蔬菜，只能憑外觀挑選即放入菜籃裡，這個市場的野菜都可以直接拿在手上觸摸挑選，不僅眼睛享受到美麗的色彩饗宴，還可以親自用手確認新鮮程度，第一時間感受到蔬菜的「美味」。而且為了提倡環保，市場的交易也盡量不使用塑膠袋，蔬菜包裝採用最小限度，如此也可以讓顧客更直接看到蔬菜的狀況。

這些蔬菜都是契作農家早上新鮮現採，以札幌周邊的小樽、惠庭、江別地區農家為主，消費者可以知道生產者的來歷，和野菜生產者直接面對面，關於蔬菜的任何疑問可以當場提出詢問。一旁也有廚師，消費者購買野菜之後，也可以詢問該怎麼料理才是最好吃

Mais. Beifuß.
Knoblauch. Rotkohl. Blätterkohl.
Linsen.
Eisbergsalat. Sauerampfer.
Flaschenkurbis.

的方式。

除了一般常見的新鮮蔬菜之外，也有不少在超市、甚至北海道少見的蔬菜。我拿起了一把不常見的蔬菜詢問，生產者立刻熱心地跟我解說料理的方法，這時腦袋裡已經浮現今晚餐桌上會出現的料理菜色。

逛著逛著，我的目光被眼前紅通通的番茄吸引。ビオファームなかむら的農家一看到我，立刻上前拿攤位上的黃色番茄給我試吃。

「這是前幾天才採收的，這時期還沒有很甜，接下來的幾個禮拜會更甜喔！」

「哇！這好甜唷！感覺這不是番茄耶，番茄也可以這麼好吃嗎？」我吃了一口嚇了一跳，這和我在一般超市買到的番茄味道完全不一樣。

「這是有機栽培的，溫差大的地方種出來的番茄才會好吃。」

不只種植的番茄如此，就連蒜頭也是。

在石狩的蒜農總共種了四種大蒜，包括北海道從以前就有的在來種，以及日本人到了北海道之後才開始種植的大蒜。

「緯度高的地區，種出來的蒜頭顏色會比較白，緯度低的會比較紅一點，因為曬太陽吸收光線的緣故，為了要保護自己，才會有這種顏色。而且緯度低的地方蒜頭都比較小顆。」

「天啊，我沒看過這麼大顆的蒜頭！」

「這是因為北海道的土地非常營養，因此種植出來的蒜頭也會很大顆。外國品牌的蒜頭拿來北海道種，味道會變得圓滑溫和，這款大蒜不管用來料理所有的東西都很適合。」

北海道使用大蒜的歷史比較短，料理中幾乎沒有要使用大蒜的菜色。道民們去國外旅遊時，吃到一些加了大蒜做成的好吃料理，吃蒜的人口才慢慢變多。因此，來這裡買大蒜的人都是年輕女性比較多。和從前比起來，現在大家也較不在意大蒜的味道了。

每一攤農家們，滔滔不絕地向前來詢問購買的消費者，自信地分享著自己種出來的蔬菜。

「這該怎麼料理呢？」我拿起橘色樣貌的花朵，問著老闆。

「金蓮花最適合拿來做成沙拉，除此之外，放在三明治裡面也很美麗喲！」

我從沒吃過這個味道。一開始入口有點甜味，之後轉為帶一點點苦，是非常大人的味道。這是宮本農園所種植的花朵蔬菜，他們也有販賣有機哈密瓜。

「我們的品種較為不同的是有點硬，不像夕張哈密瓜非常柔軟。」

外型呈小小橢圓形，網狀也非常美麗。放了兩個禮拜左右硬度都還是在，送人的話很適合呢！」

因為這裡的蔬菜都是當季盛產，每個禮拜來的話，還可以感受到北海道的季節變化。

北海道因為冬天土地休眠，蔬菜只有在夏天才能收成。雖然時間只有短短一瞬，但在夏天散發出能量的蔬菜味道非常濃厚、非常好吃。每次來逛這個野菜市場，總會不自覺地幻想晚上可以為家人變換出什麼樣的餐桌料理，心情也會覺得格外興奮。

Markus Bos 熟悉地和一些顧客打招呼，有的是 MaY MARCHE 的常客，有的則是自己料理教室的學生。

「北海道的蔬菜真的非常好吃，而且有非常多好的農家。可惜的是北海道的蔬菜幾乎都銷往北海道外，尤其是東京，因此這些稀少的蔬菜不太常見。」Markus Bos 是一位曾在米其林星級餐廳修業過的廚師，他跟我說著10幾年前剛開始來到札幌經營料理教室時，所遇到的最大問題。

於是 Markus Bos 先生直接尋找札幌近郊農家交涉，採買料理中最重要的「食材」，沒想到，學生們也希望買到這些在北海道買不到的食材，因此才有了週六限定野菜市場的點子發想。

11年前在山鼻住宅區誕生的野菜市場，一開始構想是向附近居民商借自家車庫使用，重新裝潢後，自己再塗刷油漆，利用廢棄材簡單裝潢完成。蔬菜在一台台攤車上陳列，與其說是販賣北海道產蔬菜，但真正用意更是想介紹這些北海道蔬菜讓更多人知道。

一開始客層以料理教室的學生為主，接著附近鄰居也開始前來。透過學生一傳十十傳百，客層漸漸變得非常廣。蔬菜市場今年已經邁入第12年，開市的時候，路旁停滿不一樣的車子，包括媽媽腳踏車、吉普車、高級轎車等等，購買人潮各式各樣。租借的車庫早已不夠使用，還需要在旁邊另外加蓋雨棚。

「對於北海道大地的恩賜，每年感動的程度越來越多。不只是蔬菜，所有的食材都非常好吃，這都是因為水質、以及冬天自然大雪的恩惠，孕育出北海道擁有這麼好吃的食材。」Markus Bos 說著。

蔬菜種植的季節因為有所限制，所以農家更珍惜可以生產野菜的季節，非常認真細心地照料。春天雪融之後，就來到了農家歡愉豐收的季節。而北海道蔬菜特別好吃的原因，除了有著大自然得天獨厚的恩賜，更蘊含著農家們的用心。

RITARU COFFEE

RITARU COFFEE的煙燻冰咖啡，總讓人等不及夏天的來臨。這杯有著北海道森林香氣的咖啡，可以讓人進一步認識北海道的味道。

一開始會認識RITARU COFFEE的煙燻咖啡，是在大通車站附近的人氣道產食品店鋪きたキッチン。最先吸引我的是印著可愛年輪的紙盒包裝，旁邊寫

RITARU　COFFEE
011－676－8190
北海道札幌市中央区北3条西26丁目3－8
營業時間
星期一～五　10：00～20：30
星期六、日、國定假日　9：00～20：30

著生產於北海道，並印上MADE IN HOKKAIDO。

「可以感受到北海道味道的煙燻咖啡」，包裝盒上這樣寫著。一盒兩小包的冷泡咖啡不便宜，在銷售人員強力推薦下，我還是購入了一盒。

自家焙煎的咖啡豆，以北海道產的木頭煙燻，帶著淡淡的煙燻香氣；加上北海道椴松的粉末混合製成的包裝紙盒，是標準的北海道產咖啡。

一般常見的冰咖啡大多是冰滴咖啡或是用咖啡粉沖泡而成，RITARU COFFEE則是採用冷泡的方式。一般罐裝冰咖啡喝不到的風味，以低溫冷泡的方式，一開始放入常溫水，之後再加冰塊，就可以喝到冰咖啡明顯的香氣，

風味也更甘醇，有點像是威士忌的概念，即使不用太冰也非常好喝。這杯煙燻咖啡會讓人喝了想要再喝，但是後味又非常清爽。

聽了以下的故事，您一定會更想要來一杯煙燻咖啡。

「使用北海道的木頭煙燻，可以讓大家體驗到前所未有、咖啡和北海道的結合。在日常生活中，總想要喝上一杯可以滿足一整天的咖啡，因此有了這杯煙燻咖啡的誕生。」

2010年開店的RITARU COFFEE，今年已邁入第8年。煙燻咖啡是在開店的第4年後，所生產出來的咖啡，用數種咖啡豆深煎，並且以香氣非常柔和的山毛櫸、水楢、槐樹等北海道闊葉樹煙燻，是有機會務必要品嚐看看的咖啡風味。

三上社長從小就喜歡享受在咖啡廳喝咖啡的氛圍，那種古老懷舊的氣氛。

在對任何事情都充滿好奇的高中時代，札幌的喫茶文化風潮正盛行，因為喫茶店的關係，社長更喜歡咖啡了。更正確來說，他喜歡的不只是咖啡，還有那個空間。社長的青春時代，幾乎都是在喫茶店渡過的。

「真希望有天可以開一間咖啡廳。」從高中開始，社長的心裡許下了這個小小的願望。

「在20多歲時，札幌的咖啡文化慢慢從有提供輕食的喫茶店，轉

變成注重咖啡品質和味道的自家焙煎咖啡廳、咖啡專賣店。而且有些專賣店很注重咖啡豆的選擇，會直接向咖啡農家購買咖啡豆，將咖啡豆的風味發揮到最大。雖然說現在走在札幌街上，隨便都有可提供休憩空間的便利店；但早期年代便利店很少見，也沒有手機，只要和別人約見面，大多會選擇在開店歷史非常久遠的宮田屋咖啡，那裡幾乎變成了大家集合的重要場所。」

因為想要有一家自己的咖啡廳，希望可以自己焙煎咖啡豆，因此，三上社長的第一份工作選擇在札幌有名的咖啡廳「宮田屋咖啡」修業10年。

這家咖啡廳標榜的自家焙煎咖啡，在當時那個年代非常少見。大家都是去UCC或三本咖啡購買焙煎好的咖啡豆回家，很少會自家焙煎。

在這10年當中，三上社長學習了各種關於咖啡的專業，包括焙煎技術、宅配咖啡豆、咖啡師、管理部門、跑業務等，而且因為商品有在超市販售，因此也學習了商品的出貨流程。在那厚實的10年之間，社長把所有能做的事情都做了，扎下了非常穩定的基礎。

在34歲的時候開了現在的店。因為從許多人那裡得到了力量，才能有現在的咖啡廳，抱持著「利他＋借力使力」的心態，因此把店命名為RITARU COFFEE。

一開始經營的時候，雖然和自己期許的方向有點不一樣，但總之，店已經開張了，而且也購入了烘豆機，想要主打自家焙煎。

不過，咖啡店早期面臨的是沒有顧客上門的課題。因為位在住宅

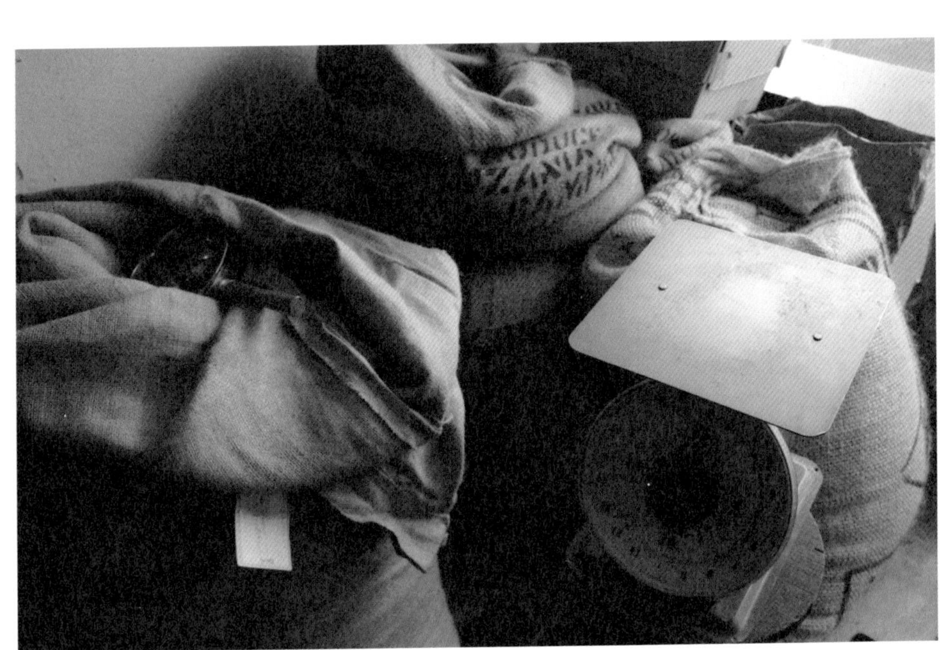

區內，為了讓人知道這間店的存在，三上社長下了非常大的功夫，還沿著社區一家一家的在信箱裡塞宣傳單等等。

周圍的住民雖然知道這裡好像開了間新店，但是打開店門到玄關還需要踏上好幾層階梯，無形的距離，成了外面與裡面最大的阻礙。客人從外面看不到裡面，是什麼樣的人在裡面上班？是怎樣氛圍的咖啡廳也不知道？只知道這裡是一間咖啡廳，但要讓人踏進這裡其實很難。

因此，三上社長在外面寫了個菜單小黑板，夏天盡量把玄關門打開，這樣從外面就可以看見裡面的情景。除此之外，也盡量到停車場打掃，並且參加這附近的小祭典，做好敦親睦鄰，也讓大家對他感到安心。終於到了第3年左右，附近的住民知道這裡有間小小的咖啡廳，之後，在札幌市民之間也打開了知名度。

社長花了好幾個月時間、好幾個階段，用北海道的闊葉樹木材煙燻咖啡豆。煙燻咖啡是深煎，為了要讓咖啡味道不被煙燻味道蓋過，試了好多遍，才得以將這種深煎的煙燻咖啡掌控得宜。煙燻的味道如果太強烈的話，原本的咖啡味會不見。但是北海道煙燻名店「市川煙燻屋本鋪」所煙燻出來的味道非常柔和，不會有過強的感覺；讓煙燻味道和咖啡味道兩者並存，才能讓人感受到咖啡的「香」。

「如果知道咖啡的好味道和焙煎的人，我有自信他們一定會覺得好喝。但如何讓這些人買咖啡豆呢？應該就要把外盒包裝變可愛。」

為了讓人感受到北海道印象，包裝設計了樹木年輪的圖案；另外，

一杯好喝的咖啡其實是經過許多人的努力而來，從栽種者到消費者，一層一層的也很像年輪圖案。最棒的是，煙燻咖啡的外包裝盒，用的是北海道津別町的蝦夷松樹材粉末成分做成，也是和設計師、煙燻師商量討論了好幾回合，才完成的非常有北海道感覺的商品。

北海道自家焙煎的咖啡廳算是相當多的。雖然東京咖啡廳也很多，但相對人口比例來說，札幌算是咖啡廳很多的城市，也可以說是咖啡的一級戰區，市內的咖啡廳甚至比美容院還多呢！小小一間咖啡廳，站著喝了就走的咖啡廳，市中心這1、2年也冒出了很多間。對喜歡嘗鮮的北海道人來說，只要有新的咖啡廳，大家就會想要去喝喝看。因此，新店雖然開得多但也倒得快，能夠開了8年的咖啡廳，在札幌已經算是非常有口碑的了。

店員端上來的咖啡杯也很有學問。吧檯上擺滿了各種風情的咖啡杯，有北歐芬蘭的、有德國的等等，店員會依照顧客的樣子或是今天的氛圍，端出適合的咖啡杯招待顧客，讓人每次來都會有所期待。

「對於不太會喝咖啡的人來說，咖啡味有點苦、有點重的會難以入口。但如果是RITARU COFFEE的咖啡，我也變得會喝咖啡了。」這是許多客人對RITARU COFFEE咖啡的評價。

搭配咖啡的甜點可可亞口味千層年輪蛋糕，中間夾了好幾層清爽鮮奶油，但吃起來卻比一般蛋糕店賣的蛋糕清爽，讓人一口接著一口，吃下一整塊也不會覺得甜膩。而且蛋糕都是手工捲製，因此每一塊蛋糕的形狀都不一樣。

BLONDE 1
3
2
2
2
GUATEMALA
BLONDE 1
BRAZIL
BLONDE 1
HONDURAS
BLONDE 1
2
BLONDE 1
RITARU
COFFEE
2
2
DARK 3
BLONDE 1
2
MEDIUM 2
DARK 3

北海道的冬天非常冷，一早起床在廚房幫家人準備早餐時，喝下一杯咖啡就能讓身體溫暖。在北海道這樣的氣候喝咖啡，和在東京喝咖啡時感受一定大不相同。咖啡這個生活中重要的配角，會因為地域不同、生活型態不同，帶給人們不一樣的香氣和感受。

就像是對愛喝啤酒的我來說，在天氣熱的時候喝上一杯會覺得啤酒特別好喝；而生活在北國的冬天，能在這個白雪靄靄的氣候喝一杯冬季咖啡，更是覺得北海道的咖啡特別香、特別幸福美味。

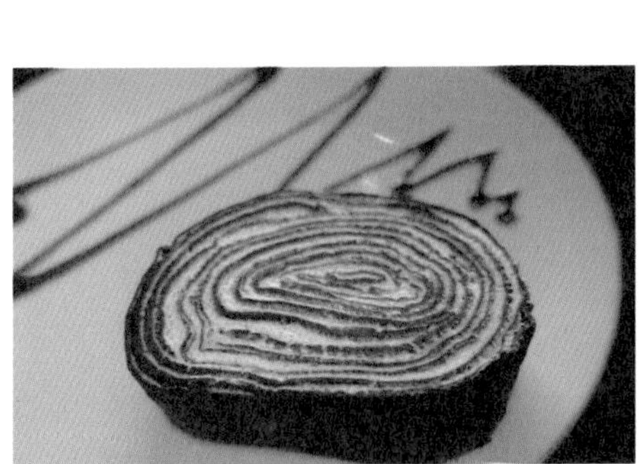

アジャンタインドカリ店

アジャンタインドカリ店
011－301－6070
北海道札幌市中央区南29条西10丁目6－5
營業時間　11：30～15：00
公休日　星期五

札幌為什麼有湯咖哩的說法，眾說紛紜。認識這間湯咖哩創始店「アジャンタインドカリ店」，是5年多前和老公剛開始交往時的事情了。

「我帶你去一家札幌湯咖哩創始店，沒有這間湯咖哩店的媽媽桑，現在的札幌也沒有湯咖哩這種美食。」

「湯咖哩不是北海道大學首任校長克拉克博士，為了改善學生身體健康狀況而發明的嗎？」

「這種天方夜譚的說法從哪聽來的？我在那間湯咖哩打工過好幾年，雖然只是負責端盤子，但你跟我去一趟就知道了。」

一踏進店裡，老公和媽媽桑就熟悉地打了聲招呼。店內沒有所謂的菜單，今日菜單就貼在牆壁上的公佈欄一角。端上桌的湯咖哩顛覆了以往對湯咖哩的印象，菜色只有兩隻雞腿、紅蘿蔔和青椒，配料非常簡單。

「這味道和我一般吃到的湯咖哩味道有點不一樣……我有點無法接受，甚至不太敢吃了。」吃了一口湯咖哩後，這是我的第一個直覺反應。

「你就把它吃完吧！我周遭的朋友也都是這樣的反應，那個夏野先生也是，但吃完之後就愛上這味道了。」

一開始湯咖哩的味道非常衝擊，但是吃完後，的確像老公說的會想再吃第二次、第三次，這也是其他家咖哩店從沒有過的感覺。這裡的湯咖哩彷彿有種魔力會讓人上癮，想要一吃再吃，後來漸漸喜歡上這味道後，更是只吃這家的湯咖哩。

のみもの
びーる 400円
こうひー
らっしー
ちゃ…
200円
のみものだけの御注文は
400円となります
大盛ライス 100円増
おかわり 200円
・ふりーずぱっくの地方送りが好評です。(とりのみ)
・ていくあうとは容器をお持ち下さい、ない時は100円で用意いたします。
・どちらもご予約下さい
ややおすすめの店
アジャンタインドカリ店
薬膳風味で人気
スープカレーの元祖とも
東屯田通
石山通
アジャンタインドカリ店

日文有個名詞叫做「病みつき」，簡單來說就是上癮。アジャンタインドカリ這家店，讓我覺得套上這個名詞是再貼切不過的店家。

老公說アジャンタインドカリ店是湯咖哩的創始店，不過網路上流傳著很多種版本，我也從沒聽過媽媽桑親口說出湯咖哩的故事，於是在老公的牽線下，讓我有機會聽到南女士說出關於湯咖哩的小故事。

湯咖哩的創始人就是媽媽桑，アジャンタインドカリ店的店主，已經74歲的「南美智子」女士。

「媽媽桑，我今年年底計畫出版北海道生活的書籍，想在書裡介紹湯咖哩真正的由來，因此想要親口聽媽媽桑說的故事。」老公和客人都這樣親切地喊著南女士，我也這樣跟著稱呼。

「台灣人能接受這個味道嗎？你幾年前第一次來吃時，不是也說有點無法接受嗎？」媽媽桑笑著說道。

「開始湯咖哩是40年前的事情了。當時在札幌教育大學旁開始經營喫茶店，客層以學生為主，因此想用咖哩來搶攻學生的心，但又不想做一般的咖哩，因此參考了很多咖哩專門書。當時讓我一看驚為天人的咖哩照片，就是南印度斯里蘭卡的咖哩。菜色只有大塊的青椒和紅蘿蔔，肉塊也非常大塊；湯頭不像日式咖哩濃稠，而是一般的湯，有別於一般見到的咖哩，讓我留下深刻的印象，決定也要嘗試做這樣的咖哩，這就是アジャンタインドカリ店湯咖哩的由來。後來，越來越多人想要吃吃看這種令人驚艷的湯咖哩，上門排隊的客人越來越多，原本的店面太小了，搬家後才把原本的喫茶店改名

為アジャンタインドカリ店。」媽媽桑送走最後一位客人，把碗盤整理乾淨後，端出一碗讓我拍照用的雞腿肉湯咖哩，坐在窗戶邊的位置，跟我說著這段故事。

第一次吃到媽媽桑的湯咖哩，表面上有一層厚厚的油脂，這是熬煮雞骨牛肉等等的油脂浮在上頭，而它就是アジャンタインドカリ店好吃的秘訣。雖然看起來很油，但湯頭卻意外的清爽，還可以感受到濃郁的辛香料，以及帶點不可思議的中藥味道，是其他湯咖哩店吃不到的味道。獨特的辛香料和藥膳香氣，讓神祕的湯咖哩，成為一道讓人豎起大拇指，想要致上敬意的料理。

「裡頭的辛香料大概放了40多種；其實辛香料放越多，湯咖哩味道喝起來也會變得非常沉穩圓滑，纖細又溫和。這味道，40年都沒有改變，唯一變的應該就是北海道的紅蘿蔔在這10年間突然變得很好吃。」

湯咖哩的白米飯不是使用印度米飯，而是一般的日本國產米。在白飯旁放著辣韮，粉紅色澤像是櫻花般點綴著。這裡和一般湯咖哩不一樣的是不能指定辣度，如果想要加辣的話，桌邊放有辣粉，可以自行添加。我用湯匙挖口飯，配上湯咖哩一起入口。

「像你這樣用湯匙挖口飯，配上湯咖哩一起入口的吃法，也是從我們店開始的。」媽媽桑說著。

店內擺放著中藥罐、印度小物，以及紅色米老鼠圖案的垃圾桶；牆壁則是貼了從以前到現在關於媽媽桑的報章雜誌報導，搭配上地

板的彩色磁磚，所有東西在這個空間完全沒有違和感。

「和一般拉麵店一樣，高湯花了非常多時間去熬煮，這也是為什麼我的湯咖哩可以持續下去的原因。我也相信，只要準備料理熬煮高湯不馬虎，絕對可以做出好吃的料理。」

媽媽桑每天凌晨1點起床，開始用大火熬煮骨頭高湯。開大火熬煮是一個非常重要的關鍵，再放入炒過的洋蔥、蔬菜，鮮美的風味會瞬間跑出來，味道也會變得濃郁。快接近早上時間，湯頭再加入辛香料、雞腿肉等等，熬煮七個小時，因此一天只能開店三個半小時，晚上自然沒有體力再繼續營業。

「在這40年當中，我搬了好幾次店鋪位置。有些客人每一家店都去過，從以前就一直吃到現在的老客人也很多，真的很感謝支持的朋友。雖然已經74歲了，但我的身體還很硬朗，我要一直站在廚房，一直到不能動為止。」這期間即使搬遷了許多地方，死忠的顧客和札幌市民對這家湯咖哩店的評價永遠不變。

早期的味噌拉麵味道簡單，現在則是有非常多的變化，味道也不停地在進化。比起早期的昭和風拉麵，大部分的人還是比較喜歡現代這種已經進化過的拉麵。但是アジャンタインドカリ店，湯咖哩的味道從40年前到現在都沒有變，味道一直烙印在顧客的心裡，始終不曾動搖、被更替。

「在札幌想要自己開一間湯咖哩店的人，來吃我們家的湯咖哩，

絕對是必經之路。」媽媽桑自信地這樣跟我說著。我對這一點絕對深信不疑。

感謝湯咖哩的創始人，アジャンタインドカリ店的店主，已經74歲的「南美智子」女士。為札幌的湯咖哩，留下了一頁精采的美味歷史。

上杉ガラス工房

Studio π

上杉ガラス工房 Studio π
011－522－6225
北海道札幌市南区石山1条8丁目1－41
營業時間　不定休

第一次認識「つららランプ（冰柱吊燈）」，是在一間札幌的雜貨鋪。當時我正忙著幫新家的廚房尋找吊燈，因此會特別留意一些特色雜貨鋪的電燈吊飾。

「老闆，這燈飾好特別，價錢是多少呢？」

「價錢多少我也忘了，這燈飾可是北海道的冰柱つらら形狀呢！」

「つらら！是那個北海道冬天沿著屋簷垂下的冰柱つらら嗎？」我驚訝地說著。

「對啊！而且這吊燈是我的私人物品，不販賣。如果你有興趣的話，這個玻璃創作家就住在定山溪山腳處，這是他們的簡介，你去找找看吧！」我從老闆手上接過關於這位玻璃創作家的簡介，也牽起了後來這一段緣分。

上杉高雅，1979年札幌市出生，21歲在山梨縣從事玻璃工作5年後，回到了札幌。

高三的夏天，原本計畫騎著腳踏車到積丹的上杉先生，沒想到在小樽跌了一跤，為了要清洗膝蓋的傷痕，借用了北一哨子停車場的水管洗淨後，心想既然來到玻璃館就順便參觀吧。

在太陽的照射下，這些玻璃飾品變得更美麗動人，在這瞬間，讓當時的高杉先生決定接下來的人生都要花在製作玻璃上。有點像是冥冥中的相遇一般，上杉先生就這樣和玻璃結緣。

之後在東京國際ガラス学院畢業後，在山梨縣的山裡生活並開始玻璃職人的工作，於2005年時回到札幌。

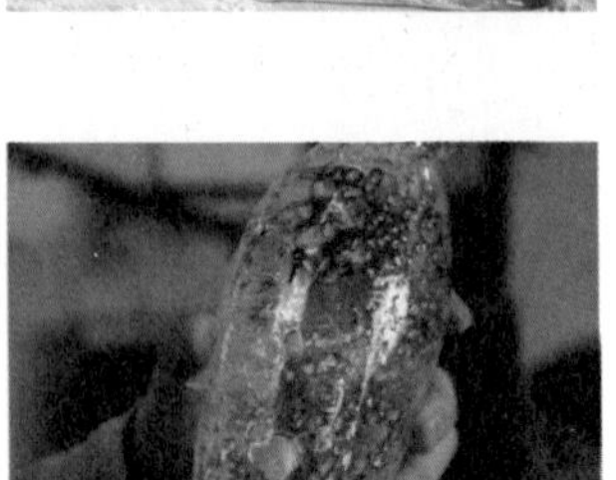

「那時候，我只和貓咪一起在山梨縣的山裡生活，一整天完全沒有開口和別人對話也是常有的事情。有天，我拿著自己的作品到東京進貨時，突然被自動販賣機裡飲料罐掉下來的聲音嚇了一大跳，長時間在周遭沒有人的地方生活，自己變得像動物一樣敏感。這樣的生活如果是過了50歲還可以，但還不到30歲就這樣，我覺得好像有點說不過去。」於是上杉先生在27歲左右，回到了札幌。

在山梨縣工作的5年當中，他學習到了玻璃溫度的調整。現在玻璃的溫度大概幾度，從聽玻璃變化的聲音就可以知道。

「在北海道的玻璃職人，大部分都是東京移住過來的較多，因為他們想要在北海道的自然環境下做出好作品，我是道民出身，因此更希望在玻璃上創作出具有北海道風情的作品。只是，要在玻璃上不經意地帶出北海道的氛圍是非常難的，也成了我回到札幌後從事玻璃創作的最大課題。」

「3年前，我家屋頂的屋簷垂下了好幾支大型冰柱，就這樣不偏不倚，冰柱下方尖端的地方插進了玻璃窗，把家裡的玻璃弄碎了。」

上杉先生到外頭看著這些掉落的冰柱，正懊惱著被這些冰柱砸壞的窗戶要花上一筆修繕費，一邊把冰柱插在雪裡排成圓形形狀，剎那間，突然靈機一動，心想或許可以把這些做成冰柱吊飾，沒想到這個動機竟造就了驚為天人的冰柱吊燈問世。

北海道大自然的形狀和溫度，透過這個冰柱燈飾，傳達了一切。冰柱燈飾的製作必須在12月到2月的冬季進行，氣溫也必須要在冰點以下才有可能形成冰柱。把這些冰柱排成圓形，再把玻璃膏放到

排列好的冰柱大約5秒鐘，這些玻璃表面形成的裂痕和冰柱上自然的裂痕，只有雪國北海道才能做得到，形成最天然的玻璃作品。

要做出冰柱造型，玻璃必須從原本0度左右的冰柱世界，瞬間加熱到達一千度。突然超越一千度的溫度差，會讓玻璃產生獨特的厚度變化；玻璃側面的龜裂感，大自然所產生的造型，就這樣印烙在玻璃表面上。

「這是一般的玻璃師傅用手工也無法讓裂痕到達玻璃深處的龜裂感，有點像是從玻璃裡面、湖面的冰稍微龜裂的感覺。」上杉先生說這種大自然所產生的龜裂感，是很多資歷很深的玻璃創作家所追求的，獨特的形狀還有龜裂痕跡，都是冰柱吊燈的特徵。

「把大自然呈現在玻璃製品上，一直是玻璃職人的最大課題。但是冰柱燈飾是北海道大自然的素材，上面有著只屬於北海道大自然的裂痕。」

而且這種冰柱吊燈絕對是世界上獨一無二的。因為把高溫的玻璃放到冰柱中間時，高溫會讓冰柱融化，因此每做一個冰柱吊燈，就要重新調整形狀，製作時間比一般的玻璃製品還要多四倍左右。也由於製作的時候會受時機、天氣還有氣候等等影響，無法量產、北海道冬季限定，因此更顯得珍貴。

「尤其是這1、2年氣溫攀升，12月一整個月甚至都等不到一支冰柱呢！」上杉先生表示，這2年冬天氣溫特別高，讓屋簷下的冰柱更是難以形成。

つららランプ北海道冰柱吊燈

北海道大自然的裂痕，是透過極度高溫＋極度低溫融合所產生的天然裂痕，也是玻璃的最高追求境界。

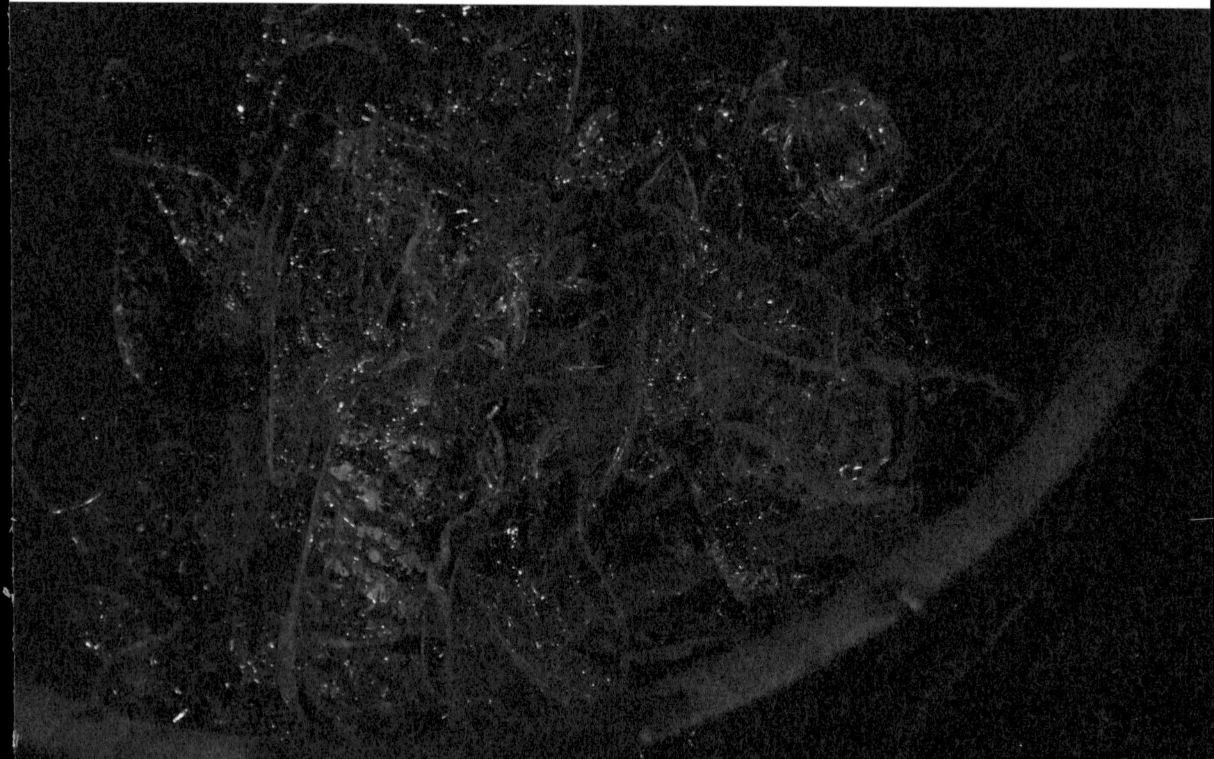

對生活在北海道的人而言，原本低垂在屋頂邊緣的冰柱是非常可怕的產物，但經由上杉先生的手，卻成了溫暖家裡廚房的電燈。這樣的改變，對出生在雪國的人來說，道民們的想法也慢慢在改變，不再把大雪和漫長冬天當作是麻煩，而是將其視為北海道冬天大地帶來的禮物。

從高溫的窯爐裡沾取玻璃膏，玻璃膏溫度到達約一千三百多度時，可以開始口吹和熱塑，像是吹氣球一樣，把玻璃膏慢慢吹出一個球型。透過工法、吹泡、吹型等等，把做好的玻璃成品放到冷卻箱裡，讓它慢慢降溫不會碎裂，大約靜待一天，才能算完成。

將玻璃製品透過這種自然素材所創造出的玻璃裂痕，即使是玻璃職人也無法模擬製成。

「不管看不看得出是冰柱造型，只要一看到這個玻璃製品是漂亮的，會想要讓人收藏的，就是個成功的作品。」上杉先生這麼說著。

冰柱吊燈已經問世第5年。也因為有了冰柱燈飾，開始了其他一系列的冰柱水杯、冰柱耳環等系列商品。使用這些商品時，即使是炎熱的夏天，也會讓人回想起北海道冬天那熟悉的冷空氣。

presse プレッセ

一不小心，可能就會錯過的もみの木SO木造三層樓北歐建築，就矗立在円麦麵包店旁邊。這棟建築聚集了四間特色小店：包括使用北海道素材製作，讓身心都可以放鬆的身體乳專賣店、小點心專賣店、生活用品專賣店等等，在日常生活中會引起共鳴的商品，都陳列在這小小的北歐風空間裡。

每當我「想要在円山區小憩一會」或者「想要送給重要的人一份禮物」的時候，就會自

presse プレッセ
011 - 215 - 7981
札幌市中央区南3条西26丁目2 - 24
もみの木SO 2F
營業時間
星期二～六　12：00～18：00
星期日　12：00～17：00
公休日　星期一

然而然來到這裡。進入玄關後，換上拖鞋，有一種到朋友家拜訪的輕鬆氛圍。因生活而忙碌的緊繃感，也在這空間裡，被慢慢流逝的時間療癒了。

在四間特色小店中，為大家精選的是presse プレッセ。

須藤店長是這間北歐雜貨鋪的老闆娘，笑容非常溫暖，去過了台灣將近二十幾次，也是我認識這麼多的北海道朋友當中，去過台灣次數最多次的一位。每次在說到台灣話題的時候，都有種像是好久不見的朋友般，讓我有種想回家的感覺。這次的到訪，須藤小姐熱情地跟我分享上次去台灣花蓮吃了扁食，還去太平山泡溫泉。

「還特地到台灣泡溫泉啊！日本人真的是熱愛泡溫泉的民族呢！」我笑著說。

「喜歡溫泉當然也是原因之

一；溫泉通常位於比較郊外的地方，從市區搭巴士到山裡溫泉的沿途風景，每每都是我在台灣旅程最難忘的風景。」

「還有台南的玉井，那裡有好多芒果樹，而且台南有很多小吃店，可惜的是日本像這樣的小店現在已經很少了，大部分都轉型為連鎖店了。」須藤小姐從日本人的角度跟我說著台灣的美好，心中突然有著暖暖的感動。台灣的話題，把我和店長的距離瞬間拉得很近。

須藤店長出生北海道室蘭，因此，我也想把自己知道的跟她分享。

「我知道室蘭的咖哩拉麵和夜景很有名，對嗎？」

「對啊！你不覺得高雄和室蘭有點像嗎？」

被這麼一說，我才驚覺真的是如此沒錯！能夠這樣精闢地點出北海道和台灣的共通點，我想也只有須藤小姐能做到。

狹長型的店面，陽光從大大的木製窗照進來，感覺就像真的踏進了北歐小雜貨鋪，毫無違和感。須藤店長每次到北歐採買雜貨時，總會依照每年為自己訂下的主題去採買。今年訂的主題則是：價格不會太高的單品及小小雜貨。一到冬天，店內還會展示各種北歐的毛線，毛線的顏色和在日本看到的顏色不太一樣，讓人耳目一新。

店內主要以日常生活的北歐雜貨為主題，在這裡買到的雜貨，都可以放進自己的居家生活裡，提升居家品質。須藤小姐到北歐選擇雜貨的原則很簡單，她會精選一些北歐刺繡、抱枕等手工織品，尤其是已經失傳的北歐古老織法作品。另外，還有一些經過時間刻畫累積，現在再也無法做出的復刻品，像是手繪盤等等，這些都是店長採買時的口袋名單。在這間店裡，有太多太多可以值得珍藏紀念

的北歐雜貨品。

每個星期五晚上9點，官網上會更新每週的北歐雜貨新品，每到了這時間，我都會上官網瀏覽，感受雜貨帶給我的季節變化感，像是聖誕節的北歐聖誕飾品等等。

哈台一族的須藤店長，在店內一角也擺放了台灣設計師鄭惠中布衣工作室的服飾作品。店長一開始想要找一個不會退流行的衣服品牌，後來發現鄭老師的作品非常簡潔，購買的年齡層從20幾歲到60歲都有，不管怎麼穿搭，都不會讓人覺得突兀。即使10年之後，一模一樣的衣服還是可以拿出來穿，雖然不帶有流行元素，但是卻給人大方簡單的時尚感。

「雖然札幌現在也有幾間北歐雜貨鋪，但是presse プレッセ一到冬天就會展示出來的北歐毛線，我覺得在北海道與其他雜貨鋪做了很大的區隔。」對札幌的北歐雜貨鋪稍有研究的我，向須藤店長提出了自己一直以來對於presse プレッセ的想法。

「開店之初，札幌也有幾間北歐風格的雜貨鋪幾乎同時開張，因此我希望能做點不一樣的事情，來建立presse プレッセ自家品牌。當初希望可以有手作體驗，以及和北海道生活相應的物品，在調整的過程中，不知不覺北歐系的特殊顏色毛線球就越來越多，尤其是日本不常見到的丹麥毛線球顏色。有時候，假日也會舉辦手作教室，在presse プレッセ所學到的毛線織法是北歐特殊的古老毛線織法，這在日本也幾乎很少見了。」這些古老的北歐特殊織法，可是店長特別跑到北歐學習的呢！

店內還有北歐年輕設計師在2008年設計的Kauniste織品。能

在札幌看到這麼多北歐品牌的商品，我想大概就只有presse プレッセ可以辦到吧。

「每一年也會前往東京參加北歐雜貨展覽會。很多來展覽會買北歐雜貨的東京人，大部分都是因為壓力太大想買些雜貨舒壓，購物力非常驚人；反觀北海道民的平均收入較少，壓力跟東京人比起來相對小很多，因此北海道人來札幌雜貨鋪買東西人的也比較少。用另一個角度來說，要說道民比較喜歡大自然沒有物慾也可以啦！」除了網路平台和店鋪的販售，一年幾次的東京北歐雜貨展覽會，也成了須藤店長的收入來源之一。

須藤店長學校畢業後，在一間CD店上班了3年。這3年當中，學到了怎麼把海外唱片引進日本販售，上架到CD櫃陳列的銷售方式。之後轉職到網路書店，學習網路行銷。因為想要學習法文，辭掉工作之後，到了加拿大學習1年的法文、1年的英文，在加拿大的2年時間裡一邊學習一邊打工，累積不同工作經驗。須藤店長說最有趣的就是在飯店當房務員，學習整個飯店的運作流程。

回到日本後，運用自己在工作上學到的能力知識，開始在網路上販賣起北歐雜貨，半年後，正式在もみの木SO開店。

一般雜貨鋪的店長都是本身非常喜歡雜貨，甚至喜歡到開了一家店來經營。沒想到須藤店長卻是利用自己累積的工作經驗，將雜貨當成商品從國外引進，再將學習到的行銷知識幫商品做好網路行銷，以及善用留學時的英語能力到北歐採買雜貨商品。須藤店長先找到適合自己的工作，再幫自己找到了「北歐雜貨店店長」一職。

聽完須藤小姐對於工作與人

生的分享，再回頭檢視自己的人生經歷，這些一步一腳印踏實走來的足跡，或許正是往後職場上更好的助力。在採訪交流的過程中，真心感謝須藤小姐給我的啟發。

臨走前，須藤小姐塞了好幾支擺在櫃檯販售的北歐嚕嚕米棒棒糖給我。

「這不是一支要一百日元嗎？太不好意思了，我拿一支就好。」我從店長手上接過必須要用兩手捧著的糖果棒量。

「你家小朋友現在應該正值喜歡糖果的年紀吧？多拿幾支回家，沒有關係的。」須藤店長笑著說道。

下次再訪這裡時，我決定要製做一張台灣野湯溫泉的地圖，給須藤店長當作回禮。而明年的須藤店長，又會再訪台灣幾次呢？

在這間北歐雜貨小鋪裡，須藤小姐對於台灣的情感令人難忘。人與人的情感連結，早已超越了商品，在這個空間裡流動著。

森彥

「円山路地裏」這個名詞，是2年多前第一次和市川社長約在円山的森彥咖啡廳碰面時，他告訴我的。

「建築物和建築物之間狹長的道路，一眼看不見路的盡頭，形成彎彎曲曲的小巷弄，這就是路地裏的魅力。札幌市是棋盤式的道路，因此在札幌要見到路地裏這樣的光景，是非常少見的。」市川草介先生站在森彥咖啡廳門口，指著彎曲的道路，說著這條路地裏和森彥

森彥
011－622－8880
北海道札幌市中央区南二条西26－2－18
營業時間　10：00～21：00

咖啡廳的故事。

社長從小時候即深受兩個人影響，一位是空間建築師浜野安宏，另外一位是商人千利休。這兩位分別是建築師和日本茶道聖人，在和社長的對話中，這兩位的名字不斷出現。

因為社長的爸爸也是建築設計師，因此家裡有很多關於浜野安宏的書。市川社長不知從何時開始，思考方式漸漸地受到這兩位的影響，看待世界的觀點也和這兩位一樣，而且將來也想要和浜野安宏先生一樣，當一位空間建築師。

10幾歲的時候，市川社長在札幌念完專門學校，再到東京繼續念設計學校，學習平面、建築、空間等專業，畢業後在東京的設計公司工作了1年多。每當假日，他總會往東京郊區例如高尾等大自然地區放鬆身心、尋找更多可能性的自

己，有天卻突然發現自己再也沒有留在東京的理由了，便決定回到第二個故鄉——札幌。

當時，札幌的設計師事務所多半開在車水馬龍的鬧區街上。「如果沒有在好的環境上班，設計師怎麼會有好的靈感呢？」社長這樣想著。雖然札幌円山區現在已經有非常多高級住宅林立，但在20多年前是都市和大自然共生的美麗地區，因此市川社長便在円山區靠車站地方，也就是現在円麦麵包店的二樓，和父親一起合開了設計師事務所。而且受到茶聖千利休的影響，向父親借了點錢，在一樓開了名為「月菴」的茶室。當時的社長才21歲。

「森彥的起點其實是茶室。」市川社長說著。

因此現在在円麦麵包店門口的左邊，還可以看到茶室的看板。雖然和麵包店有點格格不入，但那卻是森彥咖啡的起點。

「17歲左右我開始去咖啡廳，那時候就算是一位小小咖啡迷了。當口袋只剩五百塊錢時就會覺得：哇！還可以喝上一杯咖啡呢！當時還不是太懂得黑咖啡的好滋味，只是學著大人會去的空間，喝一杯放入砂糖和牛奶的咖啡。漸漸地懂得咖啡的味道之後，需要設計靈感的時候，就會喝一杯咖啡，否則覺得無法開始，不知道從哪裡著手。」社長表示，對設計師來說，一杯咖啡是非常重要的。

「早上如果喝一碗味噌湯就會有好的點子，我不覺得那會是什麼好的發想，我會覺得那個設計師的設計一定不好。」社長幽默地故意用味噌湯來取代咖啡在他心中的重要地位。

在還是沖泡咖啡粉的年代，社長的祖父就已經買焙煎咖啡回家，自己用磨豆機磨豆手沖了。當時年紀很輕的社長心中有個想法：如果有一天自己的設計事務所和咖啡廳結合，肯定會是非常舒服的空間。

開業之後，一樓的茶室讓社長有了「從客人那裡得到感動是件快樂的事」的啟發，加上自己工作前總想要來杯咖啡的習慣，因此，開咖啡廳的想法也逐漸成型。

不過，年輕時候常去的咖啡廳，都不是那種位在都市鬧區的咖啡廳，而是路地裏的小咖啡廳，因為位在這種彎曲小徑裡的咖啡廳，更有它的迷人之處。因此，也加深了社長確定如果擁有一間咖啡廳的話，一定要開在路地裏。

想要有一間咖啡廳的念頭，在開了茶室之後就越加強烈，而且每次都越想越開心。正當心想著該如何實現這個願望時，某天通勤的路上，發現自己一直非常喜歡的60年屋齡古民宅貼出出售的看板。社長立刻和房地產連絡，連內觀都沒有看就直接買下了。

森彥咖啡廳的地點是在主要道路旁的路地裏，並且非常難找。這樣的地點，在社長心中的完美憧憬，即使到了今天還是沒有改變。老房子的改裝完全不假他人，全是社長和社長父親及親戚們慢慢地一點一滴改造成型。那時候的社長，除了平面設計師的工作，還身兼學校講師，以及一年三次左右的展覽籌劃，同時期又愛上了釣魚，因此假日還要忙著釣魚。

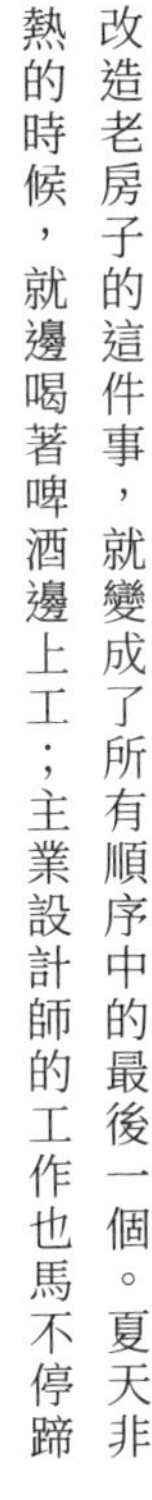

改造老房子的這件事，就變成了所有順序中的最後一個。夏天非常熱的時候，就邊喝著啤酒邊上工；主業設計師的工作也馬不停蹄

的持續著，老房子的改造，前前後後共花了3年的時間才完成。

「這間森彥咖啡廳對我來說並不是為了賺錢，而是利用咖啡廳的空間，展現自我的設計創作，更有挑戰的意味。如果把自我表現這個選項拿掉，只是為了賺錢的話，森彥的價值可能就消失不見了。」社長說著當初開森彥咖啡廳的目的。不知道緣由的人，通常只以為社長只是非常喜歡咖啡，非常文青的男子。

「老房子的改造除了柱子之外，其他地方幾乎都保留了舊有的元素。要如何保留古民家的氛圍，成為當時最大的課題。從房仲那裡拿到鑰匙進去之後嚇了一大跳，除了非常冷之外，窗戶的地方全部釘上了木板。原本要把房子周圍加上北海道建築特有的斷熱材，但把木板都拆掉後，發現天花板原本的顏色很美，因此希望將它保留下來。」老房子在改建的時候，社長在意的並不是花多少錢，而是有沒有『粋』，在日文裡的意思是「美感意識」。這也是東京出身的社長從小就一直聽祖父說的：「江戶人最常掛在嘴邊的就是有沒有『粋』！」

森彥名字的由來，則是從日本「海彥」和「山彥」的神話而來。社長心想，有海有山，如果能有「森彥」不是也很棒嗎？加上円山公園的原生林「森林」，以及古民宅有「森」的意象，因此希望店名有個「森」字，而「彥」的意思則是美男子的美稱。

掀開枇杷色暖簾，和社長一起走進森彥本店。拉開了北海道特有的兩扇玄關拉門，右邊的暖爐正燒著木材，讓進到屋子裡的身體頓時溫暖許多。店門口的暖簾會隨著四季變換顏色，春天使用千歲綠、

夏天是白磁、秋天是葡萄、冬天則是枇杷色。

隨著社長踩著閣樓木梯傳出的聲響，給人一種像是回到祖母老家的熟悉感。從二樓窗外看出去，還可以看到隔壁鄰居家的庭園。點了杯森彥本店限定的自家焙煎咖啡「森の雫」，從二樓閣樓眺望一樓，可以看到店員把咖啡豆拿出來磨豆，水滾了後，把熱水壺從高處往下沖，藉著北海道的冷空氣，讓熱水變成適合濾出咖啡的適溫。店員溫杯子還有法蘭絨布濾出俐落熟練又優雅的動作，吸引著我的目光。襯著從窗外照射進來的陽光，森彥咖啡廳彷彿有著獨特的空間魔力。光是沖泡一杯咖啡就要花上六、七分鐘，以一間咖啡廳來說不太合理，但社長深信這是咖啡廳需要的另一種作風，也就是表演，跟茶道是同樣的道理。

這也是我羨慕札幌円山區住民的原因之一，因為這條街上有著森彥咖啡廳。

在森彥這個空間裡，即使是座位上慵懶翻閱文庫本的客人，也成了眼裡的一幅風景。原以為喝著咖啡的自己才是主體，不知不覺間，我也成了他人眼中的客體，成為森彥咖啡廳裡的景色之一。

掛在牆上靜止不動的時鐘，讓時間就像停止一般，不論是眺望窗外雪景或是從閣樓往下眺望店員沖泡咖啡的模樣，傳來的咖啡香、磨豆的聲音，都讓五官重新被洗禮，有了全新感受，這大概就是社長說的空間美感意識吧。

一旁擺了留言本和畫筆，供客人留下心情記事。翻開裡面，有和家人的故事、札幌旅遊的故事、工作的故事、和戀人的故事，社長笑著表示，森彥咖啡廳這20年來已經匯集了四百多本，算是森彥的

另一種寶物。

送上來的本店限定咖啡，是摩卡、阿拉比卡、曼特寧特調風味。這是只能在森彥本店喝到的特別咖啡。一口喝下，口感味道非常香、非常順口，就像北國咖啡一樣，帶點苦味，但是後味甘甜。

為了可以濾出究極咖啡，從熱水壺、法蘭絨濾布質地還有咖啡道具等等，都是社長不斷研究摸索而開發出來的。連同煮咖啡的工序，讓整個咖啡的呈現就像是一場小小的表演。

「從上游公司買到的咖啡豆會有鮮度好和不好的時候，加上用法蘭絨布濾出的咖啡，美味程度還是有限，因此決定要自己焙煎。」森彥咖啡廳第7年左右開始自家焙煎咖啡豆，讓咖啡美味發揮到極致。

白天完成了設計工作後，晚上10點到隔天早上，社長便買了烘豆機在自家邊喝邊練習。做出一杯他理想中的美味咖啡，過程花了非常多年。從烘豆鍋爐、火侯控制、瓦斯種類的選擇，還有氣溫和濕度等等，全部都將它化為數據來調整研究。中間經過數千回的失敗，在錯誤中挑戰再嘗試，一直到最後只要喝一口咖啡，就知道哪個程序出了問題。從門外漢到專精，社長傾注所有時間研究，甚至決定將人生剩餘的時間，都用來鑽研咖啡這門深澳的學問。

「我有自信可以焙煎出北海道最好喝的咖啡。」社長突然這樣說道。

一個地區的風土，會造就不同的咖啡味道；也會因為焙煎的場所不一樣，讓咖啡的味道有所不同，其中，氣溫和濕度佔了非常大的

原因。如果在東京吃成吉思汗配上啤酒可能不會這麼美味，但在北海道乾燥的冷空氣下，吃成吉思汗配啤酒就是絕對的經典！因為氣候寒冷的關係，造就了道民的飲食口味濃厚，因此除了口味重的味噌拉麵，道民也喜歡深煎、口味濃厚的咖啡。

咖啡好不好喝在於咖啡豆的品質，還有焙煎、萃取，然後提供給客人的程序。而其中，焙煎是一道很重要的工序。

剛開始經營的時候，森彥提供給客人的是第三道程序「萃取」和第四道程序「提供」服務。7年後，往前向第二道程序「焙煎」邁進，但最後的目標是擁有咖啡農園，也就是第一道程序咖啡豆生產，終極夢想則是建立一間咖啡大學。

社長也提到了他最愛的平日休閒，溪釣和划獨木舟。

北海道是划獨木舟的勝地，札幌附近有定山溪、豐平川等等，天然湖非常多，可以搭乘獨木舟欣賞大自然美景，這絕對是人工湖無法做到的。溪釣也是如此，在美麗的風景中釣魚，和釣魚場釣的感受完全不同，能在大自然的環境中自在享受，那才是他熱愛這兩樣休閒的理由。

這和在咖啡廳喝咖啡的道理是一樣的。很多人本意其實並非是要喝咖啡，而是藉由不同的空間，享受空間帶給我們的心靈休息。如果單純只是想喝咖啡的話，在家裡喝就可以了，何必大老遠跑到比在家喝咖啡、價錢還要貴上十倍的咖啡廳喝呢？

然而，溪釣的時候，釣不釣得到魚不是重點，重點是能夠好好地欣賞大自然環境。但是，如果進行溪釣，卻沒有拿著釣竿在溪邊走來走去，不是很奇怪嗎？這就如同咖啡廳追求一杯究極咖啡是目標

之一，但是空間能不能讓人更自在的享受，才是社長追求的重點。他認為咖啡廳只一味追求咖啡好喝也是不行的，而是要提供客人在店內品嚐的價值、空間的價值，這就是社長一直強調的「粋」，美感的意識。

在許多有味道的大城市，其實有非常多這種小巷子。選擇在這裡開始的森彥，更想要為這樣的路地裏做點不一樣的事情。而從森彥之後，也的確開始聚集了一些同樣想法的人，如今才能造就這條非常特殊的路地裏。

5年前，誰也沒想到円山路地裏會變成現在這個樣子，因此，說不定5年後的円山路地裏會有更不同的風貌。

「一開始我們創立了森彥，之後路地裏有了円麦、もみの木SO、美髮廳等等。有這些歷史建築，老房子、古民家等要件，才稱得上是路地裏。現在的札幌年輕人生活在沒有蜿蜒巷弄的城市，無法體會這種風情，其實是很可憐的。」

社長開設了森彥本店後，設計師的工作更忙碌了。因此第二間店アトリエ・モリヒコ距離森彥過了10年才開幕。

因為興趣和自我展現而存在的森彥咖啡店，在培養了技術並活用咖啡，營運慢慢上軌道之後，5年前社長慢慢將設計師本業工作量減少，到現在則是完全以咖啡事業為本業。但唯一不變的是，把所有的店鋪當作興趣在經營，並且如同森彥本店一樣，在其中延續自己的創意表現。

目前在札幌市區內共計有十二間店鋪，「MORIHICO.」成了代表札幌咖啡廳的品牌。而森彥第三間店，也實現了社長結合設計事務所和咖啡廳的願望。

這十二間分店各有各的空間價值，不管在哪一間森彥咖啡廳，都將會在你的記憶中留下深刻印象。

円麦

飯田社長相信只要使用好的食材，健康理念一定可以直接傳達給消費者。

能有這樣為了消費者著想的麵包店，而且就位在我住的札幌市區內，還有什麼比這還幸福的呢？

天還沒亮，円山路地裏的巷弄小路，已經開始傳出陣陣麵包香。

那是一個初秋下著細雨的清

円麦
011－699－6467
札幌市中央区南 3 条西 26 丁目 2－24
營業時間　7：00～17：00
公休日　星期一、星期二

晨。為了可以拍攝到師傅做麵包的情形，一早不到6點我就搭著計程車，到達了札幌円山區的円麦麵包店。

麵包是發酵食品，在所有發酵食品中，麵包的發酵時間是最短的，大約13小時左右。像現在時間是早上6點多，師傅們正揉著麵糰，準備將麵糰低溫長時間發酵，預備著明天麵包製作的麵團。

酒類等等的發酵食品發酵時間較長，有些甚至長達10幾年，如果中間有什麼失誤，還可以從中慢慢修正，但麵包的發酵時間短，幾乎沒有修正空間，因此考驗著麵包師傅的真功夫。加上有機農業的小麥收成會因為天氣關係影響收穫量，而且小麥粉大多是秋天收成後再進貨，因此每一批小麥的味道也會不一樣，這時，就考驗著職人的技巧。

麵包工房就位於麵包店的正後方。師傅們在門口掛著暖簾，一看手錶，6：45分左右，已經有客人撐著傘前來選購麵包。

「今天有營業嗎？」電話響起，話筒的另一端傳來客人的詢問。

「大家都說路地裏的風水不好，但信者恆信，不信者恆不信，當時也沒有想這麼多，只是單純想要買塊土地蓋房子。」13年前移住到北海道的飯田社長，跟我說起10年前円山路地裏的故事，時空回到了當時的樣子。

10幾年前，他買下巷弄裡非常老舊的四間小公寓，原本打算拆掉重新蓋房，但是公寓裡住了一位非常喜歡這周邊環境的老太太，飯田社長不忍心把這位老太太趕走，但又想在這塊土地上做點什麼，於是靈機一動，蓋了一棟可以讓女性主婦承租，經營雜貨鋪或小店的場所，因此搖身一變，改建成円麦麵包店旁邊的三樓木造建築物もみの木SO（mominokiSO）。

円麦麵包店的飯田社長，原本在日本全日空擔任機長，後來怎麼會和麵包扯上關係呢？

「機長的飛機餐非常不好吃，冰冰冷冷的，不像乘客的餐食一樣送上來是熱的，所以我們常常寧願選擇餓肚子不吃，或者把不容易壞的麵包打包在飛機上吃。由於我們的工作會飛往世界各地，所以也因此熟知每個國家不同的麵包特性，因而愛上了麵包。」

飯田社長說，吃了那麼多國家的麵包，結果兜了一圈之後，還是覺得日本的麵包最好吃。

「神戶一間叫做ベッカライ　ビオブロート的麵包店，他們的麵包真的非常好吃！」飯田社長說著。

我立刻用手機在網路上查詢了一下，果然是榮獲日本美食網路評鑑第一名的麵包店。

「ベッカライ　ビオブロート的麵包為什麼這麼好吃，就是因為使用有機小麥粉製作的。」社長用堅定的眼神跟我說著。

加上當時社長的祖母在高齡99歲時去世；祖母在後期嚴重時已經不能講話、不能坐起、不能吃食物，只能餵食流質營養品。無法進食，代表身體無法繼續維持正常運作，在這一瞬間，讓飯田社長領悟到「能吃代表還活著」，因此更注重飲食的內容，也在那時決定要在這附近開設麵包店。

3年前因為健康關係，暫停飛行的飯田社長，再度買下了もみの木SO旁的巷弄土地，經過改建後，成了円麦麵包店。而円麦麵包店的前身是茶室，當時二樓則是森彥咖啡廳社長的設計師事務所。

「跟美國比起來，日本的無農藥有機生活還沒有很普遍。美國的農田是一大片一大片的，不灑農藥的野菜，也不用擔心會被隔壁的農田影響。但是日本的農田是一畝一畝的，即便堅持自己的農地不灑農藥，但卻還是會很容易被隔壁的農田影響汙染。日本目前還沒有完善的環境可以種植有機小麥，大部分都使用了大量農藥，這也是現在的小朋友容易食物過敏的原因之一。」

全日本有在種植有機小麥的地方十根手指頭就算得出來，而且令人開心的是這些農家幾乎都位於北海道，因此，飯田社長希望這些農家的理念，也可以透過円麦麵包店讓消費者知道。

為了尋找有機小麥，社長特地跑了趟北海道十勝帶廣。有機的小麥土地和農藥土地最大差別，就是在於有沒有土地的香氣，以及收割後會不會留下收割的樣子。

社長實際察看了有機小麥和一般小麥的生長環境後，更堅持一定要用有機小麥。即使有機小麥僅佔了日本產量的0.2％，即使有機小麥的價格是一般小麥的三倍，但，這就是社長的堅持。而且決定開業前，社長還特別到北海道藝人大泉洋經紀公司旗下的麵包店「coron」，當了一個禮拜的學徒。

在木櫃中展示販售的麵包，不是那種在麵包店看到的華麗麵包，而是簡單卻有溫度的麵包。所有麵包都清清楚楚寫上了原料成分，完全透明化，連巧克力都是使用有機的。為了追求健康風味，不惜成本使用有機巧克力在麵包上。正是因為這樣的堅持，即使僅能擠進三個人的小小麵包店，依然是人潮不減，排隊也要前來購買好吃健康的有機麵包。

「犬パン？好特別唷！是專門給狗狗吃的麵包嗎？在札幌的麵包店還是第一次看到專門給狗狗吃的麵包呢！」我拿起麵包，看了看後面的原料標示著有機小麥、有機麥芽、北海道產男爵馬鈴薯和有機酵母，標示的清清楚楚，用料完全不馬虎。

住在円山區的族群，大部分都是生活上比較富裕的，而且養狗人士很多。加上第一任的麵包主廚有養狗，因此飯田社長希望也能做出狗狗可以吃的麵包。不過由於沒有任何添加物，因此保存期限非常短。

紅豆麵包的內餡是使用十勝地區特別栽種的元氣紅豆和有機甜菜糖。問到社長最喜歡自家二十多樣商品中的哪一種，他表示最喜歡的麵包是吐司麵包。一方面是比較能代表日本的麵包之外，更重要的是食材簡單，卻又能吃到好滋味。

店內麵包除了使用北海道有機小麥、有機食材之外，連酵母也是有機的，而且完全無添加。長時間發酵的德國有機天然酵母，沒有一般酵母不好聞的味道，更能品嚐出小麥的風味及食材原味，也因為如此，成本反映在價錢上，這裡的麵包比一般麵包店價錢高了一些。

「希望有朝一日能夠到台灣開店，更希望大家可以藉由有機食物，改變食物的循環。食物循環變好了，人和人的關係、國家的經濟，也會跟著改善。」社長說著他開店的最終目標，就是希望可以改變所有食物的循環。

「我不敢說我們麵包店是高級的麵包店，就像是美女也絕對不會說是自己是美女一樣。但是我們的店，絕對是日本品質最好的有機麵包店。」社長自信地說著。的確，高級和高品質確實是兩回事。

「經營了快3年的麵包店，我們從來沒有把賣不完的麵包丟掉，雖然每天其實也幾近是賣光的狀態。真的賣不完的麵包，會分送給附近的鄰居還有孤兒院的小朋友。如果把這些麵包丟掉，就等於把農民還有麵包師傅所付出的心血都丟掉，這我真的做不到！我也敢說自己是日本從來不把沒賣光的麵包丟掉的麵包店，這我絕對可以拍胸脯保證。」社長說著對於經營麵包店的另一個堅持。

在円山的路地裏附近，人口開始出現了老化現象。但在今年7月，麵包店對面又開了間新的美容院。而美容院的老闆，正是因為這裡有森彥咖啡和円麦麵包店，才決定要在路地裏開店的。相信再過5年，這條円山路地裏又是不一樣的光景。

期待5年後的円山路地裏。

UNTAPPED HOSTEL

UNTAPPED HOSTEL
011 - 788 - 4579
北海道札幌市北区北 18 条西 4 丁目 1 - 8
進房時間　15：30～22：00
退房時間　11：00

從東南亞來北海道的外國旅人逐年增加，因此近年札幌的青年旅館也一間一間地增加。加上在九〇年代時，日本掀起一股背包客旅遊風潮，這些體驗過背包客旅行的年輕人，回國後想要自己經營青年旅館的人也不少，神先生，就是其中一個例子。

北海道札幌南區出身的神先生，札幌高中畢業後，到東京念大學，20歲初去美國當了三個月的背包客，之後足跡更踏遍中國、歐洲等國家。當背包客時，每天在不同的青年旅館認識新的夥伴，在上下舖上一起交流分享。「如果有一天也可以經營這種青年旅館的話……」這樣子的想法，在大學時期就已萌生。而且，當時候不知道為什麼，神先生就是直覺地認為總有一天會回到北海道，離開東京，回到擁有豐富大自然的故鄉。

在東京的出版社工作了5年後，神先生向老闆表示想要經營青年旅館的工作，便和老婆一起回到了札幌。因為離開北海道已經10年，在這裡幾乎沒有認識的人，因此，他想要先結交當地的朋友。從賣流行服飾，在豐平峽温泉當工作人員、滑雪勝地二世古賣披薩、在青年旅館當經理等等工作他都挑戰過，一邊上班，一邊尋覓著適合開青年旅館的物件。

「這個地點離地鐵站非常近，搭乘南北線不用換車，10鐘內就可以到大通或薄野，交通非常便利，離北海道大學也非常近。但換個角度來看，北18条附近其實沒有太多可玩樂的地方，如果沒有特別的理由，幾乎是不會來這一區的。從什麼都沒有的地方開始，我覺

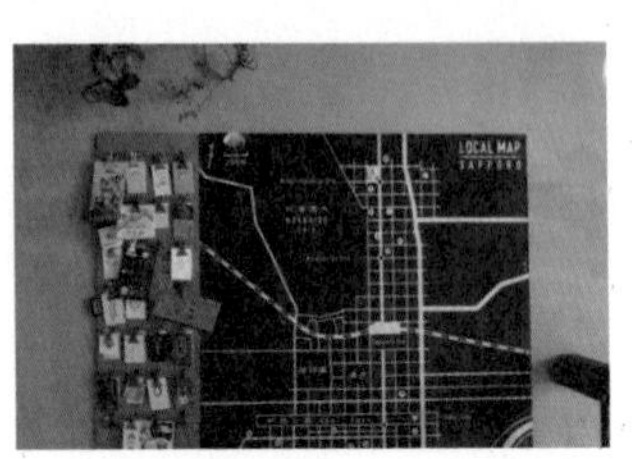

CoSTEP
CoSTEP
way
SEKITOVA
MORNING
VORTEX
HOKKAIDO
CLOUDO
DIRTBAG
112

SAPPORO
Semina
Trattoria
omomuki

得會非常有趣，任何事情可以從零開始，更加有挑戰性。」

一開始神先生想要經營的青年旅館風格是一樓為飲食店，二樓以上是住宿。沒想到因為法規等問題，在札幌可以把房子經營成青年旅館的房子物件非常少，因此過程到處碰壁，光尋找到現在的物件就花了3年時間。

青年旅館改造前是間鰻魚店，仔細看一下這棟用水泥打造的一樓建築外觀，就像是一間非常高檔的壽司店，在當時，札幌有錢的社長都會來這裡吃鰻魚大餐。後來因為日本的天然鰻魚變得非常難捕捉，堅持不使用養殖鰻魚的老闆職人，因此把店收掉了，才有機會讓神先生尋覓到現在的物件。

因為是小型的青年旅館，接待的客數也比較少，住宿者和員工之間可以更近距離的接觸、聊天，透過在地人的視角，更了解北海道。一樓是在地人熟知的餐飲店「ごはんや　はるや」，二樓則是青年旅館。旅館有混合寢室、獨立寢室，還設有女性專用房間，膠囊型臥室床位也都有木板隔間，還有小小的窗戶，因此不會有壓迫感，全部都像是一間個室一樣，有閱讀燈和窗簾，比起一般的青年旅館更有隱私。

「除了二樓有共用廚房外，日本青年旅館一樓是小餐館、小酒吧的型態也不少，但我敢說我們家一樓的餐飲店，一定是全日本最好吃的家庭料理餐廳。」

青年旅館的內裝是由札幌非常有名的藝術家「石川大峰」先生所設計。札幌許多餐飲店的內部裝潢都是由他來監督操刀。而且因為石川先生自己有貨櫃船，更從泰國運送了很多的裝飾品，像是十幾扇的木頭拉門、磁磚、吊燈等等，把空間妝點得相當有特色。

另外，還有常去西雅圖的朋友也拿了吊燈過來；円山公園附近的リトル花店店長，也提供了自己做的乾燥花；交誼廳非常有味道的木質地板，是位於薄野的酒館拆掉時，把不要的木板拿來這裡當作地板使用的。

這些都是神先生後來結交的札幌藝術家朋友們。這些在當地低調卻小有名氣的人，只是努力做著自己想做的事情，一起親手打造了這個空間。這間青年旅館完全沒有建築師或是室內裝潢公司介入，每個人盡可能地使用北海道的在地物件來裝飾陳列，青年旅館的空間裡，融合了許多元素，看起來不是和風、也不是工業風，更不是古民家風格，非常難定義，但卻又有著不可思議的和諧感。

來訪的客人，可以輕鬆地在這個空間裡聊天，不用過於拘束，也不需要坐得太正經八百，交誼廳裡來自各地的旅人，沒有距離感地互相交流，完全感受不到任何拘謹。而交誼廳旁的廚房，也開放給旅人使用。像自家廚房般的陳設佈置，完全不會有違和感。

半年前，交誼廳旁還新增了札幌當地的觀光地圖，區域包括北18条到薄野札幌市街道，在黑板上有許多貼著數字的可移動式磁鐵，旁邊則是掛有數字編號的名片。這些磁鐵和數字編號的名片連動，旅人覺得不錯的小店，都可以從名片上對照貼在黑板的磁鐵，找到其位置。而且這些店家幾乎都是一般旅遊書上沒有介紹的私房推薦，店主也多半是老闆的好朋友。

在青年旅館的工作夥伴都是在地札幌人，地圖上面介紹的地方都是他們曾經去過、覺得不錯，才推薦給旅人的店家。想要吃好吃的味噌拉麵或是壽司，透過當地人的推薦，絕對可以吃到更道地的風味。如果是已經來北海道很多次的朋友，想要更深入在地人的生活，這間青年旅館更是一個不錯的選擇。

「和沒有看過或者沒有見過面的東西相遇，就是旅行的魅力。我到現在還是會對沒有發現的事物有著想要探索的情感，也會為了發現新事物而感動，因此青年旅館的名字UNTAPPED（未開發的、還未發現的意思）也是這樣來的，希望北海道還有更多沒被大家認識的地方，能讓大家可以玩得很開心。札幌是非常有魅力的城市，北海道這個大島更是非常棒，就像台灣，不只台北而已，還有台南、高雄等值得一去再去的地方，希望大家把札幌當作把這裡的起點，可以去北海道更多的地方。」

一晚價錢落在三千二百五十～三千五百日元左右的旅館，神先生並不希望每天客滿，因為這樣一來就無法和旅客有更深入的交流了。不過，入住青年旅館的人的確有許多不同類型。有些人會想要積極地和別人交流，有些人則希望保有自己的時間不被打擾，這部分因為有著豐富的背包客經驗，以及經營青年旅館3年多的經驗，神先生對此掌握得非常好，並不會強制旅人一定要如何做，只希望在這個空間，大家都可以做自己想做的事。

「對於不太熟悉札幌的旅人來說，光從地圖上看起來，我們這裡好像會距離薄野、大通等觀光客常去的地方有點遠，因此在找尋札幌青年旅館的時候，可能不會將其列入口袋名單裡，但我覺得這樣也不是件壞事。事實上，從地鐵北18条走出來，不用1分鐘就可以到達，交通可是非常便利呢！」

在和神先生的對談當中，有好幾次為了要讓神先生有被尊敬、較為正式的感受，我特別用了一些比較艱深或者適合的日文敬語來說話。此時神先生察覺到我說日文時特別選用的字句，立刻笑著對我說：「沒有關係啦！放輕鬆說話就可以了，不用這麼拘謹。」讓我瞬間輕鬆了不少，也讓人感覺到神先生的體貼。

對於不同國家的人，能夠給予適當的接待應對，讓旅人安心及放鬆，相信絕對是投宿UNTAPPED青年旅館可以感受到的美好體驗。

LOCAL MAP
SAPPORO
200M
Kitajuhachijo Sta.
北海道大
HOKKAIDO
Univ.
Kitajunijo Sta.
Sapporo Sta.
植物園
道庁
大通公園 Odori Park
Odori Sta.
Susukino Sta.

4F
A
B
C
FGHI
4

北18条
北海道大学區

ごはんや　はるや

ごはんや　はるや
011 - 788 - 4679
北海道札幌市北区北 18 条西 4 丁目 1 - 8
UNTAPPED HOSTEL 一樓
午餐時間　12：00 ～ 14：00
晚餐時間　星期一～五 17：00 ～ 23：00
　　　　　星期六～日 17：00 ～ 22：00
公休日　星期二

今天想要喝碗美味的味噌湯時，腦袋裡就像是安裝了SOP標準程序，會自動坐上地鐵，往北18条的「ごはんや　はるや」走去。

很多札幌人都知道這間名叫「ごはんや　はるや」的家庭料理店。

「原本在円山區的ごはんや はるや搬到北海道大學附近，我就再也沒有去過了，一直想要找機會再去，可是經常客滿。」

「店面還在円山區時，當時居酒屋打工的老闆常常帶我去，他們家的東坡肉味道真讓人難忘！」

這些是我周遭札幌朋友給「ごはんや　はるや」的評價。

推開北海道早期房子常見的兩扇玄關以及暗鎖，出現在眼前的是北海道風格的暖爐。我選了一個吧檯前的位置坐下，點了春捲午餐套餐。

「ごはんや　はるや」雖然是位在「UNTAPPED HOSTEL」青年旅館的一樓，但即使是非住宿的客人也可以來用餐。這裡提供以北海道食材為主的家庭料理，但實際上對我來說，其美味程度就像是高級居酒屋端出來的感覺。

小室小姐和姊姊20年前曾在円山區開了間定食屋，並且提供咖啡等飲品。當時札幌咖啡風潮還未盛行之前，以這種方式經營的喫茶店很少，因此很受円山區朋友的喜愛，定食屋經營了有17年之久。後來因為真的太累了，就把店給收掉，想要試試看其他不一樣的事情。沒想到，最後還是與料理再度相遇。

在朋友牽線下，小室小姐認識了青年旅館的老闆，

本日のおしながき
〈小さなおかず〉
ブロッコリーの山椒おひたし 450
さつまいものピクルス 400
昆布の佃煮 350
いぶりがっこの
マスカルポーネチーズ和え 550
万願寺とうがらしの
軽い塩漬け 400
高野豆腐の揚げ甘酢だれ 450
だし巻き玉子 600
〈和えもの〉
くずし豆腐とスイスチャードの
コリアンだれ和え 650

揚げ春巻き
テイクアウト承ります。
2本から ¥600

決定要一起和「UNTAPPED HOSTEL」在同個屋簷下經營。家庭料理店和青年旅館的組合，在日本幾乎很少見到。

小室小姐在料理炸春捲時，另外一位服務人員看好時機，把味噌湯用小火慢熬加熱，用湯勺把味噌湯盛起，慢慢沖入碗裡。春捲炸好時，味噌湯剛好也上桌，出餐節奏掌握得剛剛好。這裡的味噌湯有著非常溫和的味道，入口後又有層次，是會讓人一喝留下印象的味噌湯。

半開放式的廚房可以看到小春小姐料理時的表情，以及在廚房裡的一舉一動。她的臉上總是帶著微笑，儀容端整，有點像是日本傳統女人般的舉止，讓人覺得非常美麗。長年經營飲食店是一件很辛苦的事情，但是小室小姐不管什麼時候，看起來都非常的耀眼。

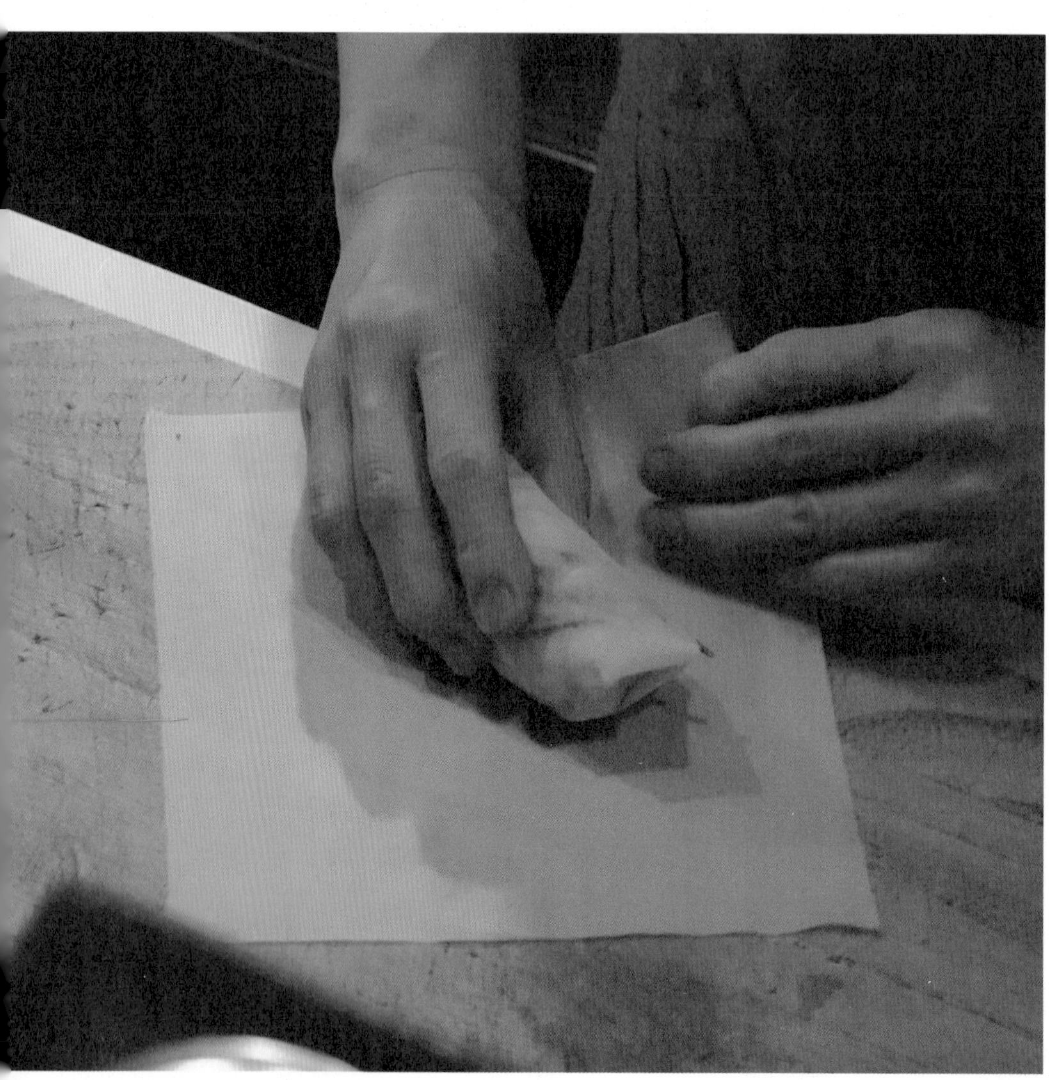

午餐套餐內容有：炸春捲、章魚飯、味噌湯。醬油醃漬的山椒粒和章魚飯非常搭配，山椒粒在嘴巴中有點麻麻的感覺，配上章魚一起入口非常適合，這也是「ごはんや　はるや」的招牌菜單之一。將活章魚和熱騰騰的白飯稍微拌過相當絕妙，口感半生，顏色則呈現漂亮的透明感。章魚飯比一般的米飯稍微硬，因此吃起來不會覺得米飯有軟爛的感覺。

一般的章魚飯都是醬油味較多，「ごはんや　はるや」的則是鹽味，味道非常新穎，是味蕾沒有嚐過的味道，只要吃過的人都會為之傾倒，包括我在內。淡淡的章魚鮮味、山椒香味，經過了小室小姐的巧手調味就是不一樣，所有菜色都變得好好吃。

人氣菜色「炸春捲」，裡面有許多當季的蔬菜，跟一般放

了很多肉或者中華風的炸春捲不同。小室小姐一直在嘗試炸春捲的各種可能性，依照季節不同，裡面的蔬菜也會更換，讓人可以感受到季節，吃當季。例如現在是春天，我吃到的是越冬高麗菜、北海道馬鈴薯，而且馬鈴薯的份量放超多，讓人可以一口就吃出馬鈴薯的風味。裡頭加入的小黃瓜，也讓口感吃起來很清爽。有別於炸物包裹的內容物都不太多，這裡的炸春捲內餡份量卻非常大份。而且和一般沾醬油食用的風味不同，這裡是撒上藻塩上桌，更能吃到春捲裡蔬菜的鮮甜。

「所有料理的味道標準，就是自己也覺得好吃而已。」小室小姐所做的料理讓人覺得溫暖，味道也讓人覺得驚喜。料理的食材絕非那種高級難入手的，卻可以做出風味絕佳的家庭料理，調味也剛好。食材的經過小室小姐的巧炊，將美味發揮到了極致。

一旁的黑板寫的是今天晚餐的菜單。白天的定食屋，到了晚上則變成家庭式創意居酒屋。小室小姐會針對每天札幌附近農家開車送來的當季新鮮時蔬，挑選出適合的食材來料理，這樣的無菜單創意深受許多人喜愛，期待能吃到不一樣的驚喜。

「家裡共有五個兄弟姊妹，我排名第三。從懂事時，我和媽媽會一起花時間準備三餐，自然而然對這些家庭料理非常拿手。加上我自己的媽媽也有五個兄弟，每當親戚聚集在一起時，媽媽、姊姊和我就要負責大家族的晚餐，因此從很小的時候就開始接觸料理了。」小室小姐沒有停下手邊的動作，熟捻地幫下一位客人準備餐食，邊和我聊著她和料理的淵源。

日本人偶爾外出用餐，還是會傾向板前壽司、法國料理，選擇「家庭料理」用餐的人，似乎還是少了點。但是在北18条這裡，白天是定食屋，晚上則搖身一變成為家庭式居酒屋的「ごはんや　はるや」，早已成為北18条人的廚房般，不只是當地居民喜歡，更是一處在地人和旅人以餐桌食物交流的另類空間。

石田珈琲店

走在北18条路上，這裡對我來說是有點陌生、不太熟悉的札幌北區。還沒踏進今天的目的地石田咖啡店，已經在離咖啡廳不遠處，被它的陣陣咖啡香吸引，焙煎咖啡的香味，帶領著我前進。

一進到店裡，左手邊有個焙煎咖啡豆的機器，往裡面則是咖啡廳。穿過咖啡廳再往裡面走有兩個房間，一個比較明亮，一個給人感覺較暗。

石田珈琲店
011 - 792 - 5244
北海道札幌市北区北 16 条西 3 丁目 1 - 18
營業時間　11：00～19：00
公休日　星期二、星期三

L型的咖啡廳建築，中庭庭院開著小花，深綠色的牆壁，就像是北海道冬天森林的碧綠色般。咖啡廳內放著輕音樂，小心地拉開椅子，就怕我製造出來的聲音，會破壞了這空間的美感。

在石田咖啡店裡，時間彷彿跟著寧靜的氛圍變得緩慢，一踏進這裡，整個心情自然也就跟著慢了起來。整點12點，牆壁上掛著的老舊時鐘報時，像是在提醒我時間一般。

安靜的空間裡，不時傳來老闆娘從廚房裡發出的杯盤聲，我想，應該是正在為我點的布丁套餐做準備吧！

隨後端上桌的是琥珀色的咖啡和布丁。接近固體狀的布丁，伴隨著帶點苦味的焦糖一起吃，口感風味剛剛好，搭配落地窗灑進來的陽光，讓初春的溫度頓時溫暖許多。

雖然是一間焙煎為主的咖啡廳，但咖啡廳內有種神奇魔力，會讓人感覺時間流動緩慢，有點時空錯置的感覺；桌上小銅杯裡躺著可愛的小兔裝飾，讓人會心一笑，像是進入了無憂的童話世界裡。這非日常空間讓我稍稍忘記平日無法喘息的壓力，煩惱的心事、雜亂的心情，在這一瞬間，通通都被洗滌療癒。

出身釧路的石田先生，大學時期就在咖啡廳打工，當時喝了打工咖啡廳店主手沖的咖啡後，被咖啡的美味深深撼動，從此之後和咖啡密不可分。即使當了上班族，仍然非常喜歡喝咖啡，才下定決心要自己開一間咖啡廳。

石田先生對於咖啡的「原料」，也就「生的咖啡豆」非常堅持，這要回溯到他一開始喝到的那杯咖啡；那杯令他難忘的好喝咖啡，咖啡豆產地就是來自巴西。因此，石田先生直接前往巴西的咖啡豆莊園住了3個月左右，之後對咖啡豆的愛更加深不少。

開始經營咖啡廳時，大部分的咖啡豆都是以巴西為主，現在則是世界各地的咖啡豆都有。親自挑選出自己覺得品質優良的咖啡豆之後，自家烘焙，認真地對待生產者所生產的咖啡豆，如此，才能沖出美味的咖啡，來招待每一位前來咖啡廳的客人。

「這家店以前是間拉麵店。最裡面的房間，也就是有著一整片落地窗的空間以前是佛壇，和廚房相連的空間則是舊倉庫；最外頭擺飾著咖啡豆的地方則是拉麵店空間，現在烘焙咖啡豆的隔壁房間以前則是酒吧。接手這家店之後，像是廁所的門、天花板的壁紙、旁

本日のケーキ
ショコラフランボワーズ
カスタードプリン
スイートポテトとラムレーズンのロールケーキ

邊的燈飾，儘量能保留下來的東西全都保留了。」

已經有50年歷史的木造老房子，經過石田先生的巧手打造後，變身為古民家咖啡廳。貼著磁磚的外牆和石壁，讓古民家同時有著摩登現代感。懷舊空間、木製傢俱、昭和風桌椅，還有北歐風的雜貨，加上裝著咖啡豆的麻袋、拱型推門，這些元素讓空間裡多了些可愛氣息。兼具和風又有點北歐風情的石田咖啡店，和洋兼融，完全沒有違和感。

站在櫃台前的石田先生總是笑咪咪的。咖啡豆的取名也很可愛，像是「甘苦」、「愛人」、「寺町浪漫」、「石田骨喜」等等。店內的招牌為「石田骨喜」，骨喜和咖啡日文發音相同，看著這些咖啡品名，再喝下咖啡豆表現出來的風味，石田先生的創意，不禁讓人會心一笑。

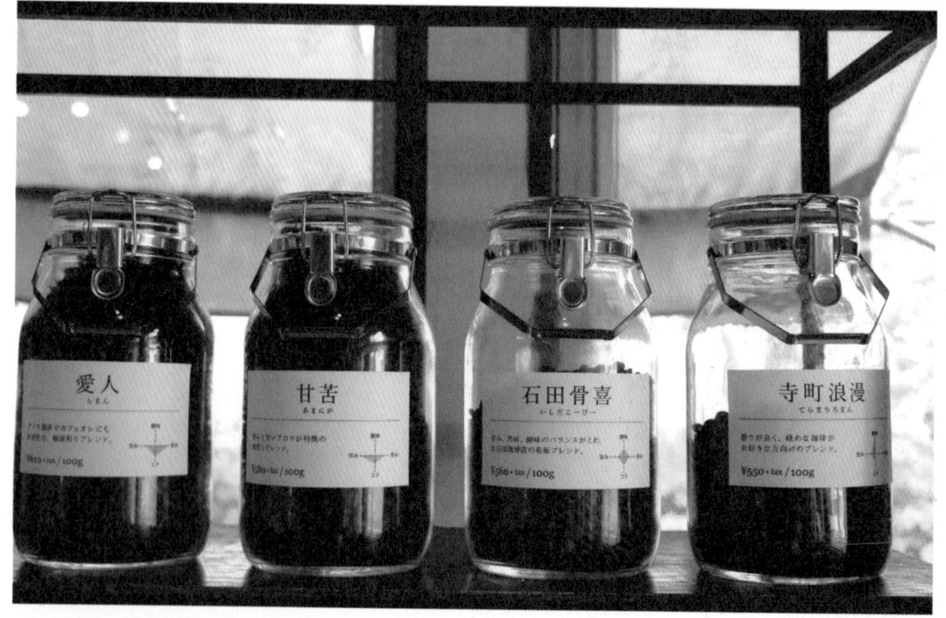

BILLIKEN

(旧)岡川薬局 CafeWhite

(旧)岡川薬局 CafeWhite
0134 - 64 - 1086
北海道小樽市若松 1 - 7 - 7
公休日　星期一

【咖啡館營業時間】
星期日、星期二～三　11：00～22：00
(最後點餐時間 21：30)
星期四　11：00～20：00(菜單限定)
星期五～六　11：00～凌晨 01：00
(最後點餐時間凌晨 12：30)

小樽市民給了南小樽車站一個簡稱：「なんたるえき」。在小樽生活了幾年的我，也曾經這樣稱呼著南小樽，對我來說，這是再熟悉不過的名字了。

剛從台灣移住到北海道時，選擇在南小樽附近租了間小套房。南小樽，有非常多陡坡，可以看到海，也有神社，還有幾間錢湯。沒有熱鬧的觀光區，而是以寧靜的住宅區為主，這就是南小樽的街景樣貌，和日本電影《情書》中看到的街景幾乎是一樣的。

南小樽附近沒有著名的觀光景點，利用南小樽車站交通往來的市民也很多，從樸實的南小樽車站一走出來，就會碰到「三本木急坂」、「赤坂」、「山ノ上の坂」這三個斜坡的交叉口，連接往小樽的街道。邊踩著步伐前進，邊欣賞隨著坡度變化而映入眼簾的風景。從少見人影的住宅街，可以探見小樽居民的生活樣貌。

從南小樽車站沿著「三本木急坂」這條坡道慢慢下坡，附近一帶是以前的纖維批發街，從明治時代到昭和戰後還曾風光一時，現在則只剩下了看板。再往前走，會碰到我曾經住過的入船通り，再隔幾條巷子就是 LeTAo 洋菓子本店。坡道上偶有幾輛車經過，襯上街道旁的許多老建築，呈現悠閒慢調的氛圍。

今天我往南小樽車站反方向東邊走去，下了坡道，轉向「山ノ上の坂」，前往(旧)岡川薬局。

但我不是要去買藥，而是去喝杯咖啡。

這棟原本是岡川家族傳承了四代的西藥房，後來由小樽在地建築師福島慶介先生買下，將其改造。小樽雖然有許多歷史建築，但作為藥局的建築不多。福島

岡川藥局
Re:OKAGAWA PHARM
OPEN
CafeWhite

先生盡可能地保存房子原本的樣貌，甚至連藥局的招牌都沒有拆掉，裡面的格局也幾乎保持原樣，成為歷史和現代共存的老房子。

福島慶介先生的老家，其實就在藥局斜對面的後方。他小時候就是在附近這一帶長大的。

「我小時候還曾經來這裡買過藥呢！」福島慶介先生笑著說。

「再過去一點有一間八百屋果菜店，還有賣鞋子的店家，店鋪數量非常多。當時附近有河川、有工廠，有了人潮就有錢潮，大家相爭開店的結果，就是這一區的店面都很窄，但是後方卻是很寬敞的建築物。這一條街道也是我小時候最熱鬧的街道，南小樽的若松町這一帶，是小樽最先熱鬧起來的區域，和現在相比，改變非常多。小時候的店家大多都已經消失，變成了住宅區。」

「當時岡川藥局應該是很富裕的家庭，房子的基礎非常堅固，聽說當時光是房子基礎就花了一整年建造，以現在的金額換算下來，恐怕要一億日元呢！裡面還有幾根木頭樑柱也非常粗，說它是若松町區最堅固的建築應該也不為過。」

（舊）岡川藥局的建築外觀非常精緻，在現在這年代很難看到這樣的工法，更何況現在的建築師傅已經不做這種費工的事情了。建築物走的是和洋風格，當時應該是由西洋建築師所規劃。屋頂上也相當有特色，除了設置有閣樓之外，還開了扇拱型的小窗台，非常可愛。

整潔的白是店內的基色，在白色的襯托之下，其他色彩也相當鮮

明，和復古的外觀形成很大的落差，也讓人很難想像這裡以前是間藥局。

以前的藥劑室現在變身成了廚房，玻璃上，還可以隱約看見貼著「調剤室」的字樣。連同咖啡附上的砂糖和牛奶，則是放在試管裡端上，趣味的創意讓人不禁再度和藥房有了連結與聯想。地板則是保持當時藥局的水泥地，天花板上還可以看到藥局時期留下來的勾具。二樓的開放式書櫃，以前是放藥罐的櫃子，現在拿來再次利用。

內部的格局擺設，不時可以看見保留下來的藥局物品。即使老房子重新翻修整建，還是可以看出福島先生對於這棟老建物的尊敬，透過改造，讓它重新有了新生命。

店內給人的感覺非常舒適，挑高的天花板，就像是在自己家裡一樣，非常輕鬆自在。白天陽光從一整片的落地窗灑進，晚上則是以美麗燈飾照亮店內，白天夜晚呈現出不一樣的氛圍。

大門的中間有一片大大的落地窗，除了讓店內光線更亮之外，它其實也像一扇展示窗一樣，可以讓人從外面看見裡面的樣子。福島先生想要透過咖啡廳這個空間，打造成「中繼站」的角色，不只是觀光客會來這裡，也讓在地人利用這個空間，舉辦小小的演唱會、展覽等等各種居民們所想得到的活動，將人與人的連結串聯起來，同時也為小鎮注入更多樣的可能性。

除了提供入住的 GUEST HOUSE，福島先生認為咖啡廳空間更能有雙向的串聯，而非只是是單方向的接受，只能讓觀光客認識這個地區而已。

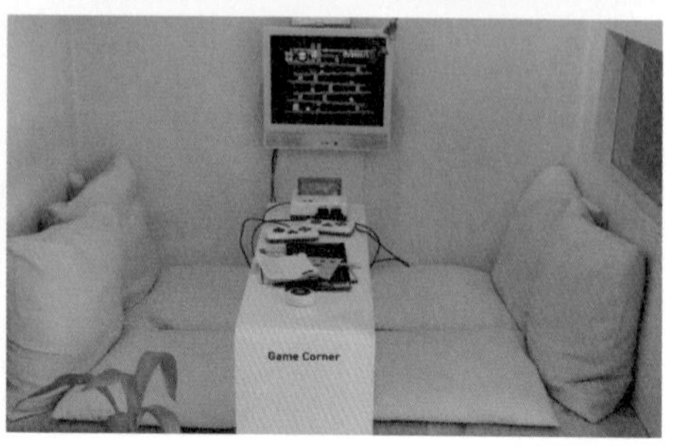

CafeWhite

「至於咖啡廳和 GUEST HOUSE 之間的連結，這一點我們也做了很好的運用。二樓的後面空間是設計師事務所，而咖啡廳的服務人員其實就是設計師，人事費用一點都不浪費。」福島先生說著。

人口越來越少，目前約有11萬人的小樽，因為沒有可以讓年輕人聚集發展的地方，所以大家紛紛往札幌出走。最近就連江別、北見地區的人口，都比小樽還要多了。因此，福島先生希望能藉由這樣的改變，讓年輕人覺得這裡有光明、有未來，而願意回到這個地方來。

老藥局的改造為小樽的若松町注入了新的氣息。透過外觀看來有點像美容院的咖啡廳，讓在地居民有空間可以圓夢，也可以讓小鎮多一點文藝氣息。更重要的是，藉由這樣的拋磚引玉，讓這一帶能多幾間在晚上營業的店，多幾分青春活力。

vivre sa vie +mi-yyu

我在小樽的老房子裡，和兩位女生有了美好的相遇。

拉開了木造透明窗門，進到了有點狹小的店內。踩踏時，老舊木板發出擠壓聲，讓我不由得放輕了腳步，小心翼翼著。眼前的舊式空間和可愛選物，有著不可思議的調和感。

vivre sa vie+mi-yyu 是由兩個女生共同經營。岡本小姐負責文具和二手繪本的選物，金田一小姐則是負責綠色植物和

vivre sa vie+mi-yyu
0134 - 24 - 6268
北海道小樽市色內 2 丁目 4 - 7
營業時間　11：00～18：00
公休日　每個星期一和第三個星期二
（日本國定假日照常營業）

雜貨部分，兩人經營這間雜貨鋪已經有11年的時間。開店之前，岡本小姐都是前往法國採買文具和繪本，法語的vivre sa vie有著努力享受生活的意思，而+mi-yuu則是金田一小姐的名字，兩人以此為名，有了一起經營的契機。

「文具、蕾絲、小餅乾罐等等都是來自法國，所挑選的文具，也都是選擇質感或材質較好的。看起來好寫的原子筆，或是一直很想要的文具，有了這樣文具就會激起鬥志等等，我會以這些作為基準來挑選。其他例如服飾、食器等等也是這樣，使用起來方便的、可愛的，手帕材質摸起來舒服的，這些都是我在意的選物原則。另外，選物時也會依照季節不同來挑選圖案，例如冬天的森林、雪人，夏天則是小花等等。」金田一小姐告訴我，店

內的選物標準，就是把自己會喜歡、想要的東西，分享給他人的心情。

岡本小姐和金田一小姐，兩人在札幌的花店工作因而結識。從工作夥伴轉換成朋友關係，再從朋友關係變成工作夥伴，至今已經有20多年時間。之後岡本小姐因為緣分和這棟老建築相遇，現在兩人每天從札幌開車到小樽上班，轉眼間，今年已經邁入第11年。

「附近老爺爺說以前這裡是販賣西洋紙張和文具的事務所；10年前剛來這裡的時候，店面已經關起來好一陣子了。承接之後，我保留了木質地板，但一開始進來打掃的時候，地板積了一層厚厚的灰，連木板紋路都看不出來，費了很大的功夫清理。接著是天花板的電燈修繕，門口幾片破掉的玻璃修補，除此之外，在初期的改造上幾乎沒有花任何費用。現在回想起來，多虧了在這間老建築物裡經營，讓這間雜貨鋪變得有意義。札幌現在有很多特色雜貨鋪，如果我們是在札幌經營的話，可能不會像現在這樣順利。不管去哪間雜貨鋪，一定都能夠買到可以入手的東西，但在這種氛圍的老房子裡挑選自己家中的物品，我覺得讓選物過程更有意義。」金田一小姐的話，似乎道出了為什麼我每次來小樽，都會特地繞道來這裡的意義。

舊建築重新改造活用，讓老房子有了新的生命力，這空間裡的物品，也有著跨時空連結的情感意義。在老房子裡選物，真的別有一番風味。

「這個老房子從店門口看起來窄窄的，其實後面空間很深。前面我們用來當成工作的

場域，以及休息的空間，後面則用來當作儲藏室。這樣的建築構造，或許在當時是很流行的！」

兩位店主，娓娓地說著這間老屋的故事。

明治37年的一場大火，建築物全部燒燬，之後才又重建，並且特別加強防火牆的部分，以及和隔壁建築物中間的防火牆及袖壁。這種有著特殊防火壁的建築物稱作卯建，在小樽市內還有幾處這樣的建築，但這種裝飾性高的建築物畢竟還是少數。

袖壁上刻有雕工精細且具有和風意象的朝日、鶴、烏龜等圖騰。這些圖騰也代表了非常貴重、非常上等的意思，因此，有這種袖壁的建築，在當時是要花很多錢建蓋的，代表有權有勢的象徵。

聽完關於這棟建築的故事

後，我特地再繞到店鋪後面仔細觀賞。真的是非常棒的建築，有點像是特色溫泉旅館，又像是有名的料理亭，看似石造建築的外表，實則卻是木造建構。

然而，這樣的店面結構，在 vivre sa vie+mi-yu 一開始營業的時候，也常被鄰居詢問：「這裡是雜貨鋪嗎?還是私人住宅呢?」

在小樽的色內通上，除了 vivre sa vie+mi-yu 之外，再來就是隔壁的玻璃小店，以及對面一間從傍晚左右開始營業的咖啡酒吧。不過，這兩家店現在都已經收起來了，也讓岡本小姐和金田一小姐覺得可惜。

「現在這附近還有營業的小店就只剩我們而已，到了傍晚幾乎都沒有人，還是有點孤單的感覺。」

剛開始經營的前2、3年真的是非常辛苦。

「今天完全都沒有客人呢！那就趁今天來好好掃除一下吧！」

「今天非常冷清，那就把一些雜事處理起來吧！」

金田一小姐笑著描述創業前期的情景。因為是兩人共同經營的小店，沒有人敢貿然提出「生意不好就把店關了」的負面聲音。直到後來開始慢慢參加各種市集與展覽，加上人力車夫載著觀光客經過時的導覽介紹，才讓小店的知名度漸漸打開，慢慢有了穩定客源。

兩個人也因為沒有放棄，彼此不斷鼓勵前進，才一直走到了今天。

北運河前的色內通，是觀光和住宅的混合區域。雖然近年蓋了一些新的高樓，但仍有許多值得一看的特色建築。人力車也會向觀光客介紹一些巷內小路的老建築，以及背後的由來故事。

從小樽車站走路來只要5分鐘的 vivre sa vie+mi-yu，則是我只要來到小樽，就會特意繞過來的雜貨鋪。在這間舊時代的浪漫情懷小店裡，除了販賣許多日常雜貨，有時候人力車通過店鋪前，從窗戶往外望去的瞬間，又是一幅不一樣的風情畫作，留映心底。

らーめん　みかん

らーめん　みかん
0134 - 22 - 1221
北海道小樽市新富町 13 - 13
營業時間　11：00～18：00
星期三　11：00～15：00
公休日　星期四

說到拉麵，會聯想到札幌的人還是居多，就像吃壽司會想到小樽一樣。小樽壽司給人的刻板印象非常強烈，但殊不知當地人其實是不太吃壽司的。

說起小樽的麵食，蕎麥麵和中華海鮮燴麵名氣甚至都比拉麵還要響亮，大家對於小樽的拉麵幾乎沒有印象，不過事實上，有一家拉麵店可是值得小樽市民驕傲的一品呢！

和小樽的「らーめん　みかん」拉麵店結緣是9年前的事了。當時還住在小樽的我，和小樽在地朋友或同事聊天，提到自己喜歡的拉麵店時，當地友人總會提到「みかん」這間拉麵店。翻找了一下地圖，就在我住的南小樽車站走路10分鐘距離，因此決定前往探訪。

還記得第一次前往的時候是9年前的下雪天，我從南樽市場的後巷散步過去。

端上來的拉麵上頭浮了層油膜，非常濃郁的湯頭搭配著捲曲的黃色拉麵，吃過之後，我心裡的感想是：「原來這碗拉麵的味道，就是小樽當地人常常舉起大拇指稱讚的味噌拉麵！」幾次之後，久而久之我也記住了這個味道，是「みかん」拉麵店教我認識了「札幌拉麵」之味。

在小樽生活的那3年，只要有放假的中午，我幾乎都會到這裡吃一碗味噌拉麵，之後再到南樽市場買菜，成為我的假日規律作息。

搬離小樽之後，有到小樽一定會來這裡吃碗拉麵。

那天下午4點多，夕陽西下的顏色，就像是みかん

味噌
塩
正油
昔らーめん
各 七五〇円

チャーシュー麺 一,〇〇〇円
煮玉子 一〇〇円
ご飯 一〇〇円
大盛 一〇〇円増
ビンビール 五〇〇円
ジュース 一五〇円

昭和の味
昔らーめん
七五〇円

煮玉子
一〇〇円

日文意涵「橘色」般耀眼。走進拉麵店，一聲「いらっしゃいませ！（歡迎光臨）」，頓時將我拉回了在小樽生活的那段光景，鮮明的記憶立刻湧現。

馬上放下手邊工作，和我打招呼的是小樽櫻町出生的在地人荒井店長。

「札幌有很多拉麵店，當時年輕又是單身男性，一碗拉麵成了最好解決一餐的方式，不知不覺就喜歡上了拉麵。一碗大約七百日元左右的拉麵，可以為客人帶來滿足和感動，我覺得是很有夢想且非常棒的工作，因此下定決心成為拉麵職人。」23歲時在札幌的名店修業了7年，30歲才回到小樽的荒井店長，在南樽市場附近開了這間拉麵店。

幾乎都不接受日本媒體採訪的店長，聽完我跟他們家的拉麵淵源後，破例接受了我的採訪，跟我聊著開店的契機，以及在小樽這14年來，為了要讓客人吃到一碗美味拉麵所做的努力。

「我在札幌的すみれ拉麵名店修習；在20幾年前，只要說到味噌拉麵，大家一定會想到すみれ這間店。我在那裡修業7年，算是年資最久的一個，後來一路從學徒當到了店長。」

在札幌名店修業的7年間，荒井先生完全不會覺得不安，還非常有自信覺得自己一定可以煮出一碗好吃的拉麵，因此想要趕快擁有自己的店，用自己的雙手，烹煮出一碗可以在拉麵界決勝負的美味拉麵，展現自己的手藝。

在決定走上拉麵這條路時，荒井先生早已決定要在30歲時，回到自己的家鄉小樽開一間拉麵店。

「小樽是非常棒的地方，離海也近，離山也近，在日本這樣的小鎮真的是很少。從坡道看下去的景色非常美，水質乾淨、海鮮也美味，特別是人際關係上的相處非常舒服，會毫不保留地跟你說事情；或許是靠海的關係吧，讓人覺得這裡的人情味很溫暖。」

我和店長都曾在小樽和札幌生活過，因此兩人有默契地聊起了這兩個地方居民的性格不同，無形間也把我和店長的距離拉得更靠近。

「一開始覺得拉麵店開在市場旁邊好特別唷！」我說著。

「小時候經常和媽媽來南樽市場，因此對這裡有著特別的情感。再加上市場內可以買到製作湯頭的肉類和蔬菜，旁邊還有間豆腐店；其實我在湯頭裡有加進了一點非基改豆乳，算是湯頭好喝的秘密武器之一，為了讓湯頭喝起來更順口，這種外面買不到的豆乳只有在豆腐專賣店才可以買到。當初房仲介紹這個房子物件的時候，我當下就覺得是命運的安排，不到10秒就決定把拉麵店開在這裡。」店長告訴我拉麵店為什麼開在南樽市場的契機。

即便當時自信滿滿，也做出了自己滿意的拉麵，但是開店之後就是沒有顧客上門。那樣的情況，連自己的內心也開始動搖。後來荒井先生聽了很多人的意見，將拉麵的味道調整，但漸漸地，拉麵的味道卻變成不是自己最初所堅持的味道了。正當在猶豫時，荒井先生回想起自己在名店修業7年的初衷，後來還是決定回到「相信自己」的這條路上，不停地在味道上追求精進。之後吃過的客人反應

都不錯，顧客陸續上門，業績也有了起色。

「所謂的味道不斷精進，是指哪個部分呢？」我不解地問著。

「像是更換味噌產地，使用發酵後的味噌，還有改變豬骨頭的處理方式及產地等等，這些調整都會讓湯頭的味道稍微有所不同。在這14年中，我不停地嘗試，就像店名『未完成（みかん）』的涵義一樣，我希望對於現狀的味道不自傲，並加以精進，不斷追求更上一層樓的美味，而不只是傳承現在的味道而已。讓這間拉麵店，能成為小樽當地人喜愛的小店。」荒井店長如此堅定的說著。

小店桌上擺著大型的鋁製水壺，每當要倒水時，總要先站起來穩住重心才能倒，以免坐著倒水容易把水潑出去。

「以前在看橄欖球比賽時，每次看見倒下的選手拿水壺裡的水來澆淋全身，就讓我覺得裝在鋁製水壺裡的水比較好喝。加上小樽的水質，以及冰涼的水讓水壺外面結著水珠，看起來就更清涼好喝了。」有些人一提到みかん拉麵，甚至還會對他們的水壺念念不忘。

而桌上的黑胡椒粉、醋、一味粉等，也是在一般拉麵店較少見的調味料。

「建議先吃原味的麵，再加入這些調味料。點味噌拉麵的話，可以加入七味粉、一味粉還有醋。」

「拉麵和醋搭配嗎？」我驚訝地問著。

「女性客人尤其喜歡喔！這也變成了みかん的定番吃法。」

札幌拉麵最大的特色就是使用中華鍋先炒過蒜頭、生薑、蔬菜，

再加入湯頭，這是東京或九州拉麵店幾乎不會看到的步驟。

然而，現在省略精簡炒香動作的札幌拉麵店也非常多，因為料理端上桌的時間較長，會讓店內的翻桌率變低。不過荒井店長卻希望可以維持札幌拉麵的傳統味道，因此保留了「炒」的這道步驟。用強火將食材快炒，但在適當的時機加入湯頭這一點最為重要。在炒好的豆芽菜和洋蔥當中加入高湯，碗中的湯會乳化變混濁，由於浮有一層油脂在湯頭上層，因此湯頭也不容易冷掉。

店內的食材購入後，全都不假他人之手，自己親自處理。包括用北海道產的豬肉製作叉燒，用豬骨、雞骨和大量野菜、紅蘿蔔、白菜等熬煮提煉鮮甜的透明湯頭，再加入昆布、小魚乾、柴魚片等，煮出一鍋濃郁但非常順口的高湯底。搭配店長指定選用的「中太捲麵」，整體口感非常一致，不會違和。

代表札幌拉麵的黃色「中太捲麵」，是壓縮熱製麵，麵條經過熱製10天左右，會變得非常有彈性。店裡的麵條捲度和粗度，都是店長委託小林製麵特製，比一般常見的札幌味噌拉麵還要捲曲，也是みかん店裡的靈魂之一。

拉麵上頭鋪著細長的叉燒肉片、蔥、炒過的軟豆芽菜和筍絲，用筷子夾起非常捲的麵條時，會連同湯頭以及湯裡的碎叉燒一起帶上，吃到滿滿的豐富口感。

而店內的招牌就是可以代表札幌拉麵的味噌拉麵。濃厚的湯頭舀一口喝下，第一個出現的味道是濃濃的生薑味，帶著香氣卻不嗆，讓濃厚的湯多了清爽圓潤的口感，也不會讓鹹度過重覺得有負擔，有著畫龍點睛的效果。之後蒜頭味道漸漸強烈，也喝得出湯頭的豐富層次，吃過一次絕對難忘。

一邊吃著這碗拉麵，一邊回憶著當時住在小樽的點滴情景。這一碗味噌拉麵有著我和小樽的共同歸屬感。對我來說，這是最特別，也是無可取代的一碗拉麵。

鳥ま津

夜晚的小樽，不是花園通上的居酒屋街，也不是壽司通上的那幾家壽司名店，對我來說，最有的魅力就是位在小樽屋台村的小樽地雞專門店「鳥ま津」。

這裡的地雞吃起來非常甜，肉質很有彈性。第一次吃到的時候是2年前的夏天，那是我吃過最好吃的雞肉，味道至今仍然忘不了。

從養殖、屠宰、販售到料理，荒澤社長幾乎全程包辦。在北海道能吃到本土土雞的地方，就只有十勝的中札內村和小樽了。而要成功養殖小樽地雞，可是要花上10年的功夫。

「地雞有許多血統規則，從明治時代就有的雞隻要有50%的血統，但是小樽的土雞要求要100%。再來就是飼育環境；在平地放養的雞，採取讓雞隻在地面自由活動的飼養方式，在自然環境下放飼，平均一坪只能放養一到兩隻。一般雞隻孵化後飼養滿80天才能宰殺，小樽地雞時間更長，母雞要150天才能宰殺；出售的年齡延長，成熟度也會變好，雞的腥味也會比較少。一般雞隻生後28天可以在地面自由活動，小樽地雞則是出生後馬上平地飼養，從小就讓牠在沒有壓力的地方長大，因此肉質、氣味和口感各方面都比飼料雞來得棒，加上運動量多，沒有壓力，肉質較為緊實。」

一打開關於地雞的話匣子，荒澤社長開始滔滔不絕地分享著。從他細說小樽地雞飼養的種種，可以感受到他對於地雞的熱情。

「這裡的地雞飼養在小樽西部的塩谷附近。那裡有

鳥ま津
090 - 8706 - 2211
北海道小樽市稲穂 1 - 4 - 15
おたる屋台村レンガ横丁
營業時間　18：00～23：00
公休日　星期一

門店
小樽地鶏
手羽焼
450-
内ぞう各種
・はつ
・砂肝
・レバー
各400-
山田錦
限定流通

非常多的斷崖絕壁，因此海風吹起的海鹽礦物質也會跟著帶上來，土雞的肌膚因為每天接觸天然海鹽礦物質，肉質非常鮮甜。另外，雞隻在生雞蛋時候需要大量的鈣，因此飼料當中會添加牡蠣殼；而雛雞非常容易生病，為了不使用藥，我們在飼料裡也加入了有殺菌作用的大蒜，來增強雞隻的免疫力。」

京都或是九州都有地雞的文化與歷史，但關於北海道地雞的文化卻少有人知道，所以荒澤先生希望能讓大家從地雞的滋味開始認識，將菜單簡單化，只有雞肉炭燒和地雞高湯鍋，並且盡可能不使用調味料，吃到雞肉原始的鮮甜風味。

最特別的是，這裡還能吃到一般在日本超市看不到的內臟、脖子、卵巢等料理。

「真的是新鮮好食材的話，只要用一點簡單的調味料料理，不會有腥味而且很好吃，我們堅持提供這樣的菜單。」

新鮮的地雞，放在網子上用炭火烤，雞皮的油脂滴下瞬間，可以聞到帶點備長炭的香味。將調味降到最低，運用職人技巧燒烤，味道簡樸，但卻能令人留下深刻的印象。

社長最推薦的是雞胸肉部位。一般的串燒雞肉店，會用強火來燒烤。但為了突顯小樽地雞的美味，這裡採用小火和遠火慢慢燒烤，把雞肉味道逼出來。在七輪燒下面的木炭，有些地方會間隔沒有擺放，為的就是讓雞肉可以稍微休息，不會過熟。用小火慢慢烤，可以把水分鎖在雞肉裡，讓口感軟嫩不乾柴。只要加上一點鹽、一點醬汁調味，就能吃到雞肉原本的鮮味，而不會被調味料搶味。

雞肉和牛豬肉不同的是保存期非常短，因此為了確保地雞的風味和鮮度，從宰殺到上桌最好維持在5、6個小時左右，才能達到地雞最好的口感。因此鳥ま津都是採取早上宰殺，傍晚料理上桌的模式，一天平均宰殺一、兩隻的數量。

「菜單上還特別標明了『雞翅右手』和『雞翅左手』，有特別不一樣嗎？」我指著菜單上的特別之處問道。

「右手通常比較大隻，點右手的人我都說比較現實，點左手的人就比較浪漫囉！」荒澤先生幽默地介紹著菜單。

一般吃到的烤雞串口感大多偏油膩，但小樽地雞則是可以先吃到雞肉的鮮甜。一咬下去，立刻感受到豐富嚼勁和扎實口感，肉質卻又柔軟。

「うまい！」我吃了一口忍不住驚呼，小樽夢幻地雞真的是又鮮甜又好吃，名符其實。

一般來說，日式料理的雞湯都是白湯比較多，但是這裡的雞湯是用雞骨頭小火熬了6個小時的清湯。搭配上雞肉，會讓人覺得小樽地雞的口感的確是要搭配清湯比較合適呢！

不只雞湯的顏色漂亮，入口溫和，雞湯裡的雞肉也不會讓人覺得肉質太過乾柴，和燒烤的雞肉又有點不同，可以吃到豐富的口感，但同樣是冠軍好吃的等級。

雞骨的部分也是小樽地雞的另一個特色。一般的雞骨都是灰白色居多，但小樽地雞的是乳白色，或者說是金黃色也不為過。

「是因為吃的飼料比較特別，所以才變成這種顏色的嗎？」我問道。

「其實這才是雞骨頭原本的顏色喔！」

荒澤先生表示，當雞隻們感覺到壓力，或者缺乏運動的時候，就會出現自殘的現象。一旦雞隻受傷賣相不好，雞農就會幫雞打抗生素等藥物，因此一般的雞骨頭可能一咬就碎，而且顏色呈現灰色。

由於小樽地雞飼養不使用藥物，因此除了雞肉不會殘留藥物之外，連骨頭都非常堅硬，據說，到目前為止都還沒有人可以把這骨頭咬斷呢。

小小的店內只有三坪大，只能容納得下八個人，而且只有站位。每次來總和當地人圍在這小小的烤肉架旁邊吃邊聊，聽他們說著最近小樽發生的事情。食客當中，當然還有幾位是像我一樣，專程從札幌搭車來品嚐的札幌人。

「札幌像這樣可以邊吃烤雞串，邊和老闆聊天的店已經不多了呢！」從客人的對話中也意味著，大家來鳥ま津為的不只是地雞的美味，還有那份人情味。

FAbULOUS

FAbULOUS
011 - 271 - 0310
北海道札幌市中央区南 1 条東 2 丁目 3 - 1
NKCビル1F
咖啡廳營業時間　8：00～23：00
雜貨區營業時間　11：00～20：00
公休日　不定休

走過創成川沒多久，離開喧擾的市中心，來到了「創成川イースト」，也是札幌年輕人口中常說的創成川新區域。

早期這裡是工業區，近年開始陸續蓋起高層公寓，新舊交雜的風景，是這一區的特點。在觀光客所熟知的二条市場附近，札幌居民把這裡稱作為「創成川イースト」，個性小店紛紛陸續開張，這一帶已成為札幌年輕人逛街的首選。

一棟有著開放式屋頂的舊倉庫，被改建成複合式咖啡廳，關於食、衣、住的任何物品，在這裡都可以找得到。

會知道這間複合式咖啡廳「FAbULOUS」，是因為幾年前翻了一本札幌流行雜誌，裡頭介紹了這家綠意盎然，且是札幌少見型態的咖啡廳。再加上這裡離地鐵路線很近，每當我想要換個心情，買美麗的花或是好好閱讀一本書、好好吃頓悠閒早餐時，就會來這裡晃晃。

為了可以知道更多 FAbULOUS 的故事，我和社長約了時間採訪。社長就像是偶像劇裡的男明星一樣，穿著非常有品味的服飾，在我面前優雅地坐下。

「20年前，在札幌西區一帶光是傢俱店和服飾店就開了四、五間，當時就在想，如果能把這些傢俱、服飾店家都集中在一個空間裡的話，應該會很不錯。而且札幌中央區或是西區附近的店家已經很多，如果能另外在市區旁開店的話，相信會更受到注目！」

中村社長陸續尋覓可以販賣傢俱的大坪數空間，之後找到了這個倉庫建築。這個空間以前的用途是當成倉庫使用，所以天花板非常高，和理想中的開店構想藍圖相

當接近，加上街道氣氛，中村社長於是決定將店開設在這裡。

「這裡的街道氣氛和我住在美國時的倉庫群氛圍很像；以我在美國的經驗來說，他們會把老舊的建築自己ＤＩＹ重建，變成一處賣東西的空間，我想，在這裡應該也是可行。」

對於這樣的空間改造是否能帶來「人潮」，其實內心還是有點不安的。為了讓店鋪更接近自己的理想模樣，和設計師不停地認真討論各種改造細節。

「好幾年前這條街道幾乎沒什麼人走動，也不像現在蓋了許多高樓公寓，反而是辦公大樓比較多，除了上班時間外，平常時間很少有人在路上閒逛，街道也非常昏暗。」

創成川東區以前有很多工廠設立，街道氛圍給人灰灰暗暗的印象。13年前，這裡幾乎是沒有人潮的。現在札幌年輕人常常會說到的「創成川イースト」名詞，在13年前根本不曾聽過。

FAbULOUS一開始主要是以男性客層為主，販售價位較高的傢俱、家飾和服飾等等。因為單價較高，所以希望提供一處可以讓客人慢慢看、慢慢逛，有著輕鬆悠閒感的空間。因此在一進門的地方設有咖啡廳，後面則是雜貨區、傢俱和古着。

在此之前，「創成川イースト」幾乎沒有這種類型的營業店家，因此，來到FAbULOUS的客人，幾乎也都是第一次來這裡的人。很多年輕人都是先知道這裡的咖啡廳，才發現原來咖啡廳後面有雜貨區可以逛，但其實這間店一開始是以家飾雜貨為主的，而且是以男性客群為主。

直到5年前，創成川開始受到注目，高樓住宅一間一間蓋起，接著慢慢有小店在這附近開店，漸漸地，「創成川イースト」的名字才被大家認識。四季劇場搬遷到這附近之後，札幌市民來這裡的人也變多了。

「或許是因為有了這家店，創成川才開始慢慢有人潮的吧！」我心裡這麼想。

FAbULOUS前方是被綠色植物包圍的咖啡廳，寬敞的用餐區，不管從什麼角度抬頭看，都可以看到綠色的觀葉植物，即使冬天也綠意盎然；室內的暖色光線，讓這裡就像是一處都市叢林般。

12年前剛開始營業時，剛好遇上札幌的第二波咖啡浪潮興起，當時北海道的喫茶店都有提供簡餐，直到現在還是延續這樣的經營模式。今天早上我點的是招牌蔬食早餐「ベジタブルサンド」，紅色、綠色、紫色、黃綠色的配色，一早就讓人食慾大開，搭配冷粹冰咖啡，非常對味。

早餐從早上8點開始供應，晚餐則是晚上6點開始。不一樣的時間進到空間，都一樣有好吃的餐點可以選擇。很多人會在早上來這裡喝咖啡，中午來吃午餐，晚上工作結束後來吃晚餐和喝杯啤酒，一天的日常生活，都可以在這間店被滿足。因此，這裡也成為很多附近居民的愛店。空間裡每個月都會換上北海道作家的壁畫，讓店內經常有不同氛圍。

咖啡店後面有綠色植物、日用雜貨、傢俱和服飾區，不管是道內、道外或者是海外的商品，在各區的空間裡都可以看見陳列擺設，而且種類琳瑯滿目，甚至還有二手物品區。

從日常使用的居家用品、裝飾雜貨、功能性商品、各國廚房用品、咖啡廳使用的杯盤、邁向新生活所需要的家飾品組，通通都有，每每來逛，總能在其中找到可以為自己家裡添置的小東西。

開店之初，大多是引進國外的商品到北海道販售，現在中村社長則是希望可以「反輸出」，把北海道的東西傳遞出去。包括近年來慢慢增多的北海道作家、藝術家、手作家等作品，中村社長希望也能有機會介紹給更多人知道。

「如果只是販賣一些既有的家飾，那就和大部分的雜貨鋪沒有太大差異。因此，我們盡可能地販賣北海道當地創作者的作品，希望大家會想把北海道的器皿、洋服、鞋子等物品買回去。」

店內的內裝也會隨著季節變化有不同的改變。例如夏天會多一些綠色觀葉植物，隨著露營風潮興起，商場也會增加單價較高的露營用具。

而且這裡的商品雖然來自世界各地，卻意外地有著統一感。我想，是擺設的雜貨設計都很簡單、不會讓人覺得膩，即便使用久了，也會有漂亮的色澤顯現。這些也是中村社長選物的標準，所選進的物品不管在外型或是性能，都是可以讓人使用很久的東西。

社長經營家飾服飾已有20幾年的經驗，商品大多是從國外進口再販賣居多，其中服飾部分有三成左右是古着。這些不是別人穿過的二手衣，而是透過管道所引進40、50年前，狀況還很好，能顯現復古文化的衣物。也因為數量非常稀少，因此價格稍微偏高。

咖啡廳的入口旁，每星期五、六會有限定的花市，販賣北海道所栽種生產的花卉。只要一朵就能讓周圍氛圍明亮起來的鮮花，即使是男性來購買也不會覺得彆扭。在這個空間裡，可以完全地忘卻時間慢慢走逛，感受一下慢活的步調，札幌人的生活氣息。

MACRO

走進札幌狸小路一丁目旁的三樓公寓，這裡是MACRO美髮廳。

能在札幌生存17年的美髮廳，靠的是依照客人臉型、頭型還有髮質等等，剪出讓客人回家自己也可以輕鬆整理美美髮型的好口碑。

為什麼我會變成這裡常客的原因？當然還是跟MACRO的技術有關。這裡的燙髮染劑完全不會有藥水刺鼻味，重點是回家洗完頭髮後，每天早上起

MACRO
011 - 271 - 0396
北海道札幌市中央区南3条1丁目
12 - 3 宝ビル 3F
平日　11：00～19：00
星期六、星期日　11：00～18：00
公休日　星期二

床都可以輕鬆簡單地稍微整理一下就出門，不會花費太多時間在整理髮型上。

「札幌和東京美髮廳最大的不同就是，東京的美髮廳連鎖店非常多，競爭比較激烈，而札幌的美髮廳則大多是小店經營，競爭相對小。要說北海道人比較沒有上進心也可以啦，但換個角度來說，正因為札幌理髮廳小店經營較多，所以在裝潢上其實比起東京美髮廳更講究。」社長邊跟我調侃著北海道人的性格，邊跟我分析北海道和東京美髮廳的不同。

社長佐藤先生，北海道道東紋別出身。從國中就非常喜歡流行元素的東西，因此高中畢業後，就到札幌的美容專門學校學習1年（30年前的美容專門學校只需要念1年學歷）。之後在札幌的美容院當了3年

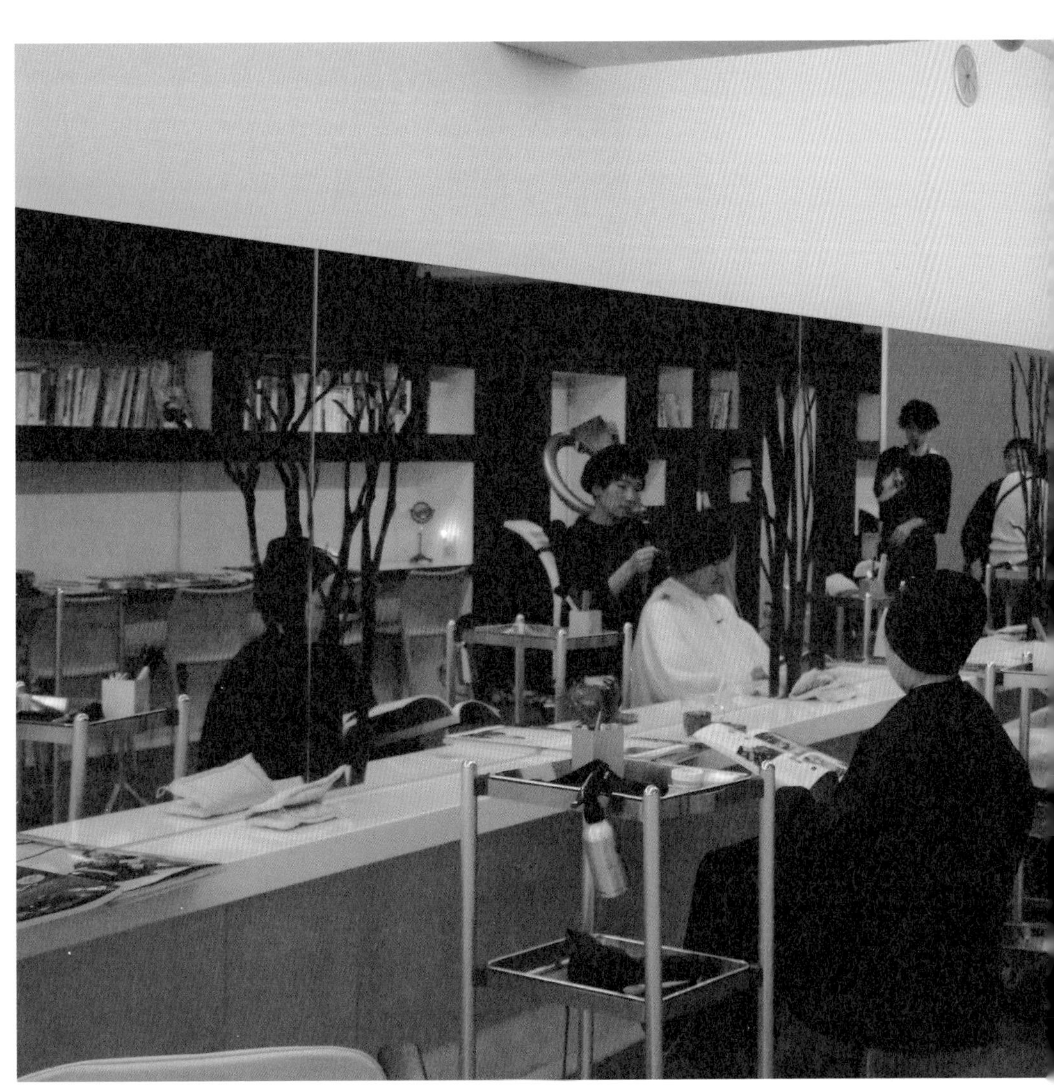

學徒，存了一筆積蓄，到倫敦玩了將近1年，邊旅遊邊吸收國外的流行元素和靈感，最後回到札幌狸小路一丁目開了現在的店。當時的社長才25歲。

「那個時候的我才25歲，剪出來的髮型流行感吸引到的族群年齡層，大約是20歲到30歲這個區間的人。現在的我已經42歲了，自己的剪髮技術以及能帶給客人的設計感，也擴增到40幾歲較年長的客層，這也是我擔任設計師17年的生涯中，覺得變化最大的事情。」隨著年紀增長，對美感的呈現或者顧客想要的髮型樣式，更能得心應手地駕馭，相對地，來店的客層也就愈來愈廣。

「年輕的時候，當然會希望店鋪可以一間一間拓展，全力衝刺事業。但2年前當兒子上小學一年級時，我的想法卻有了一百八十度轉變，希望工作和家庭的分配時間剛好是一半一半，把目前的店鋪好好經營；有足夠的時間和家人相處，對我來說是現在最想把握的事情。平日放假的時候，最想做的就是賴在家裡，看本書、喝喝咖啡都好，希望可以有足夠的時間陪伴小孩成長。」當我和社長聊到一直以來很嚮往的北歐社會體制時，社長也主動地聊起他現在的生活態度，讓人看到認真工作以外，相當居家的社長。

問到當髮型設計師最大的動力來源是什麼？佐藤社長的職人魂再度燃起，侃侃而談說著：「幫我的顧客剪完頭髮，當他們有煥然一新的感覺時，我會覺得非常開心。大部分的人剪髮完可能一個月、兩個月就會來店裡修剪一次，有些甚至比朋友見面的頻率還高呢！

這裡的客人有些是從我還在當學徒時就已經把髮型交給我打理，至今都已經有20年的交情了！而且有些人從年輕就一直剪到現在，結婚成家後，還會帶自己的小孩和老婆來這裡整理髮型。就像你先生也是啊，從大學的時候就來我們這裡剪髮，漸漸地，4年前你也變成了我們的固定顧客，現在連你們家的小朋友也是我們的小小客人了。」

佐藤社長說的一點都沒錯。很多人真的是因為口碑推薦，後來都變成了MACRO的忠實顧客。如同老公最好的跑船朋友夏野先生，以及老公的堂姊一家人都是在這裡剪髮。就如同店名的涵義一樣，不斷靠著口碑傳遞，繼續成長茁壯。

「之前我去台灣旅遊時，夜市裡有個厲害的師傅，把我腳上的雞眼挖掉，終於不再痛了，要是在日本開刀，可是會花上好幾萬呢！」

「之前我有去晴渝介紹的寧夏夜市，我覺得比士林夜市好逛許多喃！」

這些對話，在每次光顧弄頭髮時，我的髮型師和染髮師總會跟我一起熱烈討論。

「我之前吃到台灣的豆花真是驚為天人！好吃到我都想跟老闆買食譜回來製作呢！札幌沒有這種東西，在札幌賣豆花一定會大賣的！」

「台北就像是日本的東京，高雄就像是大阪，台南則像是京都。去旅遊的時候，我才不會選擇台北呢！太都市化了，就像是東京一樣，台南才是夠味啊！」

去年MACRO的員工旅遊選擇去了台灣的台南。社長念念不忘地

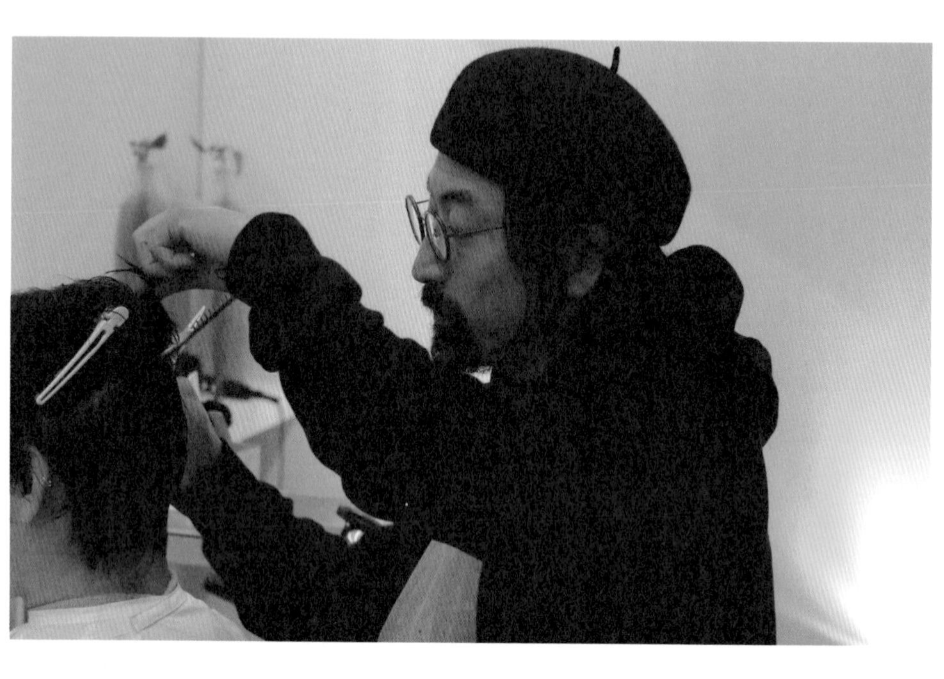

說著在台南遇見豆花的美好印象，因此，今年的員工旅遊他們又想要再次前往台南。

第一次到台灣旅遊就選擇台南的日本人，我還是頭一次碰到。

「仔細回想了一下，台灣料理其實非常棒，有各種養生湯品，而且裡面的薑絲對身體也很好，像我之前喝到的羊肉湯就是一絕！」

「對啊！哪像日本就只有味噌湯。」

不分國籍，只要講到美食，大家的話匣子就會打開，而且滔滔不絕關不住。

「不過，去台灣泡溫泉還是要穿泳衣，跟歐洲一樣。從這個角度說起來，全世界泡湯全裸的民族，大概就只有日本人吧！」

身為設計師的社長，跟我分享了許多他眼裡看到的台灣風景。他說出的觀點，和我身邊去過台灣的日本朋友不太一樣，對台灣文化的提問也相當專業，我想，或許是因為從事接觸人群的流行產業，而有著獨到見解，也或許是因為對台灣有獨特的情感，所以更用心地看待這裡的風景，因此特別有感觸。

17年前，狸小路一丁目只有二条市場和創成川，一旁的公園一直在施工，幾年前才蓋好。這幾年創成川周邊增加了許多餐飲店，公寓大樓也新增了不少，外國旅人更是激增，這幾年走在狸小路一丁目旁的麥當勞一帶，有時甚至會覺得外國觀光客人潮多到令人吃驚。

「既然MACRO在這裡已經開業這麼久了，能不能推薦一間社長覺得好吃的餐廳呢？」我請社長推薦一間創成川附近最好吃的店家。

「デリー！就位在我們店旁邊的那間湯咖哩。」社長手指著窗外

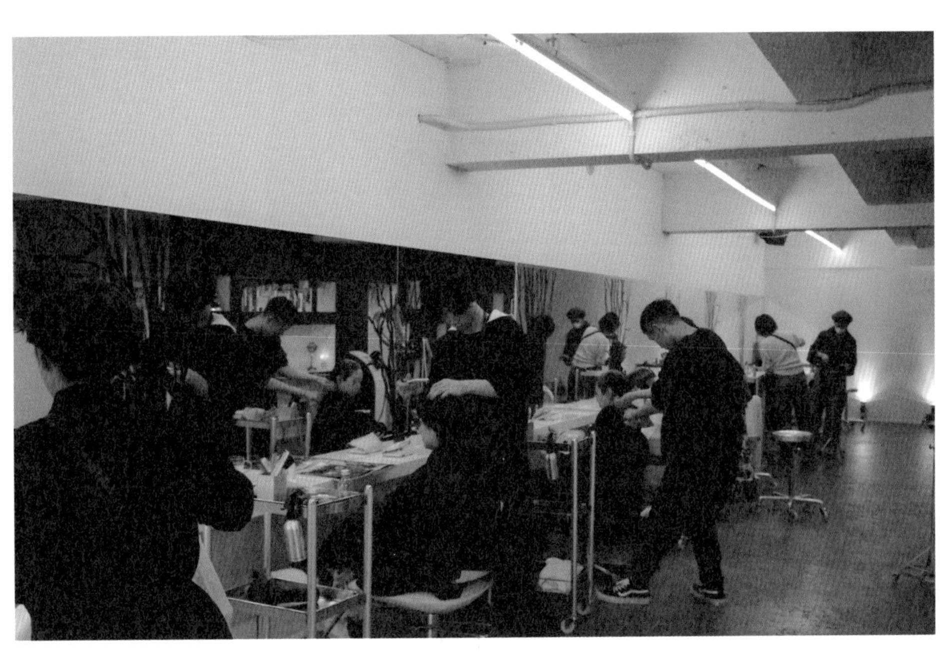

某處跟我說。

「デリー？」原來每次經過的那間咖哩店評價這麼高啊，我驚訝著。

「你老公一定知道這間湯咖哩店，他沒有帶你去吃過嗎？下次一定要請他帶你去吃吃看，這間店也有35年的歷史喔！」

我最喜歡當地人推薦的口袋名單了，每次都可以從中挖到寶。

「如果是帶外國朋友來的話，我會推薦美髮廳對面的精釀啤酒專賣店『月と太陽ブルーイング』，現在年輕人都很喜歡這種啤酒呢！」

「對呀，我最近也愛上了精釀啤酒。札幌的精釀啤酒專賣店我幾乎都走訪過，今年7月在盤渓滑雪場的精釀啤酒節我也有去參加喲！」

「我家就是住在那附近呢！一開始想要住在大自然裡面，離札幌又近，雖然說常常會有熊出沒就是了。」

從日常對話中產生共鳴，無形中也拉近了和顧客之間的距離。除了可以看出社長的經營理念，也讓人感受到他對生活的用心與熱情。

MACRO美髮廳，是我北海道不可或缺的生活小店。

Saturdays Chocolate Factory Café

Saturdays Chocolate Factory Café
011-208-2750
北海道札幌市中央区南 2 条東 2 - 7 - 1
Salmon 1F
營業時間　10：00～18：30
公休日　星期三

「沒想到札幌也有板巧克力專賣店！」

那是我在札幌的精釀啤酒專賣店品嚐到的板巧克力。雖然說當時我是為了啤酒專賣店的採訪前往，但是那板巧克力的味道真的讓我難忘。

和店主拿了張板巧克力專賣店的名片後，看著上面寫著「Saturdays Chocolate Factory Café」字樣，循著名片，沿著創成川走進人潮較少的商業住

宅區。因為店家位在商業大樓的巷子裡，若不留心，其實很容易就會錯過。

Saturdays Chocolate Factory Café 是札幌在地的板巧克力品牌，一推開門進到店裡，就可以聞到非常香的巧克力味道。

中央的長型吧檯上，擺著一片片包裝色彩鮮艷的板巧克力，不吸引目光也難。巧克力會因為可可豆的產地不同，而有著不同風味。因此所有的板巧克力旁都放著小瓶玻璃，裡面裝著切好的巧克力塊，讓顧客透過試吃，挑出自己喜歡的板巧克力口味。

除了甜味、苦味、酸味標示得非常清楚，板巧克力的可可亞全部成分，也都會寫在包裝紙上。而且最特別的就是板巧克力的包裝紙了；每一片板巧克力會依照可可豆產地的花紋

紙材來當作外包裝，可愛的花紋紙材包裝也幫板巧克力加分不少，外觀看起來簡直就像個藝術品般。

店內牆壁上的世界地圖，則是社長走過世界各地找尋可可豆的足跡。這裡不只受到年輕族群喜歡，從推著嬰兒車的媽媽，到年長的爺爺奶奶等都會來光顧。因為板巧克力而露出的開心表情，讓創成川的一角多了一絲幸福。

我的包包裡總會放著他們家的巧克力。

冬天喜歡品嚐苦一點的風味，夏天則比較喜歡吃熱帶水果的酸爽，另外一款和札幌日本茶專賣店「玉翠園」合作，用北海道產玄米「ハトムギ」和巧克力一起混合製成的板巧克力，我也非常喜歡。

如果你是巧克力迷，一定有聽過 Bean to Bar 這個名詞。這裡的板巧克力用來自世界各地的生可可豆，在咖啡廳後面的工房裡從零開始製作。把世界各地的優質特色可可豆，做成高級的板巧克力，透過製作者的烘培技術，讓每塊板巧克力可以吃到可可的原豆風味。在此之前，北海道沒有這種 Bean to Bar 的板巧克力專賣店，秋元社長可說是北海道引進這種模式的板巧克力創始人。

「最麻煩的不是製作巧克力這件事情，而是從全世界蒐羅製作巧克力的機器，像是巧克力研磨機等等。」對於從選購可可豆開始製作，小規模、少量生產的板巧克力，秋元社長對這種原創生產模式非常有共鳴，因此在札幌展開了製作板巧克力的事業，從選豆開始到最後的製作都在工房完成，創立了最道地的北海道板巧克力品牌。

「可可亞豆會因為每個地方的土壤環境、溫度、氣候等等，而有不同的品質。因此，我希望大家可以吃到最原始的可可亞豆風味，不使用乳化劑、香料等其他添加物，只單純地使用可可豆和鹿兒島產砂糖，讓消費者吃到新鮮原味。」

秋元社長非常講究可可豆的本質，希望傳遞最原始的可可亞豆味道給大家。可可原豆的果香，是一般大量生產絕對吃不到的味道；另外，Bean to Bar 的另一個特色就是採用產區明顯的單一品種可可豆，讓吃巧克力就像是喝咖啡的感覺，可以完整地品嚐到世界各產地的不同風味。

「這裡的可可亞原豆不只有來自非洲，而是生產環境更好、可可豆品質更好的中南美洲古巴、馬達加斯加，甚至是水果風味非常濃厚的越南。」秋元社長表示，這些可可豆都是親自到世界各地勘查後才購入的。

可可亞豆的產地，主要在赤道兩側，而巧克力加工幾乎都在北半球的瑞士、比利時、法國等等，因為這裡是製做巧克力較適合的涼爽環境。可可亞的奶油在28度以上就會融化，北海道以緯度來說，跟北半球相近，氣溫環境很適合製作巧克力，這也是為什麼北海道許多甜點品牌都有巧克力商品，也是秋元社長選在札幌製作板巧克力的原因。

透過工作室裡的透明玻璃，從零開始讓大家知道板巧克力是如何製成、花了多少時間、放了什麼東西進去，從原料到製程全部都透明公開，大家也可以吃得更安心。

一片板巧克力從零到成型，需要2個星期左右的時間，從選豆、

烘豆、脫殼、粗磨、細磨、倒模、手工包裝等，所有的步驟都在工房裡完成，這就是現在最受注目的從豆（Bean）到塊（Bar）原創模式。

板巧克力製作的撞擊聲在這空間裡完全不會有違和，因為這裡是板巧克力專賣店、座位區咖啡廳、工房的型態，來店內購買巧克力，喝著巧克力冰飲的人，臉上漾著幸福笑容，這裡是2015年在創成川開始的北海道板巧克力品牌。

創成川

ノースコンチネント MACHI NO NAKA

北海道人天性喜歡流行，喜歡創新求新求變，因此，在北海道能有10年歷史的店，都可以算是很久的。翻開去年介紹札幌新開幕店家的雜誌，會發現有一半的店幾乎都倒了，因此有歷史的老店家真的都是靠味道來取勝，能被留下來的都是很有實力的，不適合的馬上就會被淘汰掉。

在狸小路一丁目旁的日式漢堡排專賣店「ノースコンチネント」，位在地下一樓，加上一樓處並沒有放置明顯的看板，若不是在地人引薦，真的會很容易跟它擦身而過，店內用餐的顧客大部分也都是熟知這裡漢堡排好味道的道民。這間店是好幾年前，還是男女朋友時，午餐約會老公帶我來吃的。店內裝潢簡單又不失設計感，還有那令人吃過難忘的肉汁，總總對這間店的好印象，我還因此推薦這裡給身旁友達以上、戀人未滿的朋友當作約會場所呢！

大通的狸小路一丁目，是札幌漢堡排專賣店的一級戰區，附近有北斗星、牛亭等漢堡排專門店，但我還是獨鍾這一間。推開大門後，可以看見樓梯旁的煤油燈飾牆，橘色的樓梯則彷彿帶你走進了童話世界般，下到地下室之後，出現在眼前的則是非常長的鐵板吧檯。

「歡迎光臨！」店員穿著非常可愛的服裝忙進忙出，招呼客人。

店內空間使用了非常多木頭元素，餐桌的位置距離也非常寬敞，即使位在地下室，也不會給人有壓迫感。雖然店內沒有包廂，但是座位旁的木頭柱子裝置，卻能巧妙地營造出位在包廂的錯覺，更讓用餐的氛圍好

ノースコンチネント MACHI NO NAKA
011 - 218 - 8809
北海道札幌市中央区南 2 条西 1 丁目
マリアールビル B1
星期一～五
午餐　11：30～15：00（LO14：30）
晚餐　17：30～22：00（LO21：30）
星期六～日、國定假日
11：30～22：00（LO21：30）
公休日　不定休

像身處北海道森林般放鬆。如果用心尋找，還能發現幾個類似鼠洞的玩心設計，以及鑲在地板上的北海道牛群和草原金屬板小驚喜。木門上的拱型設計讓漢堡排專賣店增添了幾分可愛感，寫著３１６的鐵桶，是道東別海町用來裝牛奶的鐵桶，３１６則是牛舍使用的編號。店內特別的設計風格，更是吸引了不少特別從北海道外來見學的建築師呢！

北海道札幌出身的米良店長，21歲時因為友人的介紹開店，至今已有9年。

「北海道給人的印象多半是海鮮較多，但很多好吃的道產肉專賣店，近年正陸續增加中。」而一般提到肉料理，和日本人生活最能連結的就是漢堡排了，不管是小孩或老年人都非常喜愛，而且這也是日本媽媽們最常在家裡製作的家庭料理。因此，用北海道產的肉品製作出好吃的漢堡排，這也是社長一開始開店的理念。

「為了讓客人可以選擇自己喜歡的肉類、喜歡的醬料，組合成一道自己喜歡的漢堡排餐，所以店裡後來才有了現在的點餐機制。而且牛肉選用的都是北海道產的品種，希望客人吃了一口之後，能有一種像是在北海道旅行的感覺。」翻開菜單，有五種漢堡排主餐可以選擇，加上八種不同的醬汁，光是一道簡單的漢堡排，就有四十種吃法。而因個人喜好所搭配的漢堡排，也會因選擇的肉類和醬料不同，價錢不同。

肉品的選擇，除了有肉質非常爽口的十勝ハーブ牛、柔軟的清水

町ブラウンスイス牛，還有9月到12月供應的蝦夷鹿肉，以及花上3週左右自製的培根肉捲。培根肉捲選用上富良野的豬肉，這裡只有八戶生產者，為了要生產出肉質好吃的豬肉，全部採用最無壓的方式飼養，肉品的選擇可說是非常優質。

「新得的上田精肉店處理鹿肉真的是一絕，從放血到解體都非常專業，鹿肉完全不會有討人厭的味道。其實，狩獵方式和肉處理的方式如果得當，鹿肉會很好吃，比想像中的野味還少，味道非常上品。沒有體驗過鹿肉的朋友，建議可以從我們家的羊鹿肉試試，而且富含鐵質、高蛋白質，脂肪較低，很適合女性朋友。尤其秋冬是北海道的狩獵期，這時期的鹿肉保證新鮮，每次來只點這道的常客也很多呢！」店長看我閱覽的菜單停留在鹿肉那頁，馬上向我介紹了蝦夷鹿的特色。

這裡的客人有八成是女性，也有不少一人前來用餐的人。每次看見菜單上的豐富選項，光是選擇吃什麼肉搭配何種醬汁，就可以讓人猶豫好久。「之後想吃吃看這個味道！」、「點不一樣的口味分著吃吧！」、「這種肉該和什麼醬汁搭配呢？」在店內常常可以聽到這樣的對話，如果真的不知道該如何選擇組合的人，也可以請服務人員幫你做搭配推薦。例如八丁味噌和蝦夷鹿漢堡排非常搭配，以及適合搭配梅醬汁的上富良野豬肉等等。

「給我一份最人氣的濃厚起司十勝牛漢堡排。」最後我還是點了牛肉口味的漢堡排。

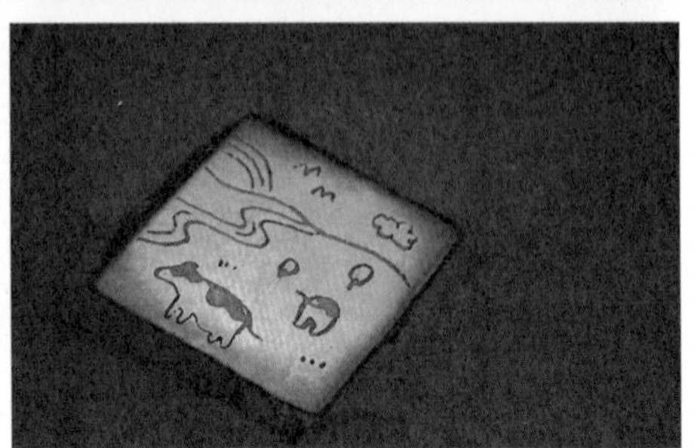

北海道人吃牛肉的文化沒有東京來的常見，大部分都還是吃豬肉比較多，像是壽喜燒或涮涮鍋，提供的肉品還是以豬肉為主。因此，來到了漢堡排店，如果點豬肉好像太過平常，但是點蝦夷鹿好像又需要一點挑戰精神，所以，最後點牛肉漢堡排的道民還是居多。

開放式的廚房，讓坐在吧檯區的朋友可以直接看到廚師料理的樣子。鐵板上煎著香氣誘人的漢堡排，最後再淋上酒讓整個火焰噴上來，好像精彩料理秀的方式，讓大家看得不禁拍手叫好。

「漢堡排送上來後，一定要小心非常高溫的石板，客人可以隨自己的喜好，選擇要不要再把漢堡排加熱。」用餐之餘還多了點玩心。一旁附上的大量生菜沙拉，也可以讓人在大口吃肉之後，減少點罪惡感。

肉排咬下去後吃得到扎實濕潤的口感，以及鎖在裡面的香濃肉汁。而且各種香料的搭配讓肉質鬆軟之外，也營造出不同的口感層次。

「我們的漢堡排完全沒有添加任何化學調味料，只有天然的昆布、洋蔥甜味，以及13到18種不同辛香料去做搭配。我們會依照肉品的不同，加入不同的昆布、花了12小時不停翻炒的洋蔥，以及適合的辛香料去調味。因為都是由自家的工廠處理製作，所以才可以做到這種程度，這也是和其他家漢堡排最大不同的原因。每個月光是店裡使用掉的洋蔥就有二百四十斤左右。夏天時，則是選用北見的洋蔥和馬鈴薯，加入昆布後，漢堡排散發出來的甜味和一般漢堡排完全不一樣；尤其這2年，我們還嘗試在漢堡排裡加上肝臟等內臟，讓味道更濃厚！」

依照肉類的特性不同，使用的絞肉粗細也會不同。當然，還有嘗試加入味噌等各種調味，追求更好的肉排品質。因為是漢堡排專門店，就做好專門店該專精的事情，正是店家一貫的秉持。

特別的日子、約會、慶祝、想要來點小奢侈的時候，如果能和另一半一起來這裡，絕對會創造不一樣的回憶。吃了這裡的漢堡排，即便還沒有機會踏上這些肉類的產地，也可以憑藉著肉的豐富滋味，想像著自己正在北海道的某處旅行。

パフェ、咖啡、酒『佐藤』

パフェ、咖啡、酒『佐藤』
011 - 233 - 3007
北海道札幌市中央区南 2 条西 1 - 6 - 1
第 3 広和ビル 1F
星期二～四　18：00 ～ 24：00（LO23：30）
星期五　18：00 ～凌晨 02：00（凌晨 01：30）
星期六　13：00 ～ 16：00（LO15：30）
18：00 ～凌晨 02：00（LO 凌晨 01：30）
星期日　13：00 ～ 16：00（LO15：30）
18：00 ～ 24：00（LO23：30）
公休日　星期一（日本國定假日照常營業）

日本人最重要的聚會場合「聚餐」之後，緊接著還有二次會，甚至三次會，那最後要怎麼畫上完美句點呢？

以前，日本人總會選擇去吃拉麵或者茶泡飯來當作聚會的結尾。因為聚餐時大部分都是喝酒配小菜，基本上吃不飽，因此會把正餐留在最後，就像是日本人每次吃完火鍋後，都會加上米飯煮成雜炊（日式粥），用來飽肚。

2010年剛來到北海道時，每次喝完好幾攤酒之後，最後都會被上司帶到拉麵店，吃完之後在拉麵店前跟上司九十度敬禮再解散，那段記憶一直到現在都印象深刻。但最近這2、3年，開到晚上凌晨的聖代專門店，如雨後春筍般地在札幌大通和薄野附近一間一間開張；大口吃肉大口喝完酒後，再也不是以拉麵結尾，而是被聖代所取代，「結尾聖代」儼然已成了札幌夜生活的定番食文化。

公司一位女同事曾經給我看過她畫的札幌聖代專門店地圖；在公司茶水間，同期的女同事討論著昨天吃的聖代味道難忘；午餐用餐時間，後輩女同事討論著今天晚上「結尾聖代」該選哪間店？

用聖代當作晚餐結尾，已經融入札幌市民的夜生活當中，深受女性朋友喜愛，〆（結尾）再也不是男性特權。札幌的聖代專門店為了吸引男性客群，大部分的聖代店都有提供酒精性飲料，讓男性朋友走進有八成都是女性的聖代專門店，也不會覺得彆扭。因此，在聖代專門店看到穿著西裝的上班族男性坐在吧檯，一點違和感也沒有。

大半夜吃聖代，聽起來似乎很瘋狂，但這真的是札

佐珈パ

幌市民夜生活的一部分。大多隱藏在大樓裡的冰淇淋酒吧或者不太好找的店家都有個共通點，那就是晚上9點以後，絕對會呈現客滿狀態，在大吹雪的晚上排隊30分鐘以上，是常有的事。

「北海道有很多甜點、蛋糕專門店，但在幾年前，札幌很少有聖代專門店。當時還不曉得大家是否有這需求，就只是想要嘗試看看這樣的聖代專門店而已。剛好我們的店搭上了現在想要拍美食照上傳IG和『結尾聖代』風潮，因此受到大家的注目。」社長說著パフェ、咖啡、酒『佐藤』誕生的由來。

パフェ、咖啡、酒『佐藤』聖代專門店可以說是開啟札幌聖代文化的先驅，而現在札幌人晚餐必吃聖代結尾的有趣食文化，在我看來也是一種非常棒的生活方式。パフェ、咖啡、酒『佐藤』這間店的開店契機非常單純，純粹是因為喜歡聖代，因此設立聖代專門店。

「在大通東側、創成川附近，也就是狸小路一丁目的路地裏，是雜誌報導常常提到的狸小路L字街。這裡集合了很多有趣的人，因此想在這一帶開店；當時現在的店鋪剛好空著，房東人也很好，開了非常好的條件給我，因此才決定選定這裡。」社長說一開始在狸小路一丁目開店的契機並不是因為地點，而是人，看來，人和人連結的力量真的很大。

聖代專賣店開張了之後，二樓的店家，以及旁邊也陸續開了新店，專賣店無疑帶動了狸小路一丁目的人潮以及人氣，甚至還有了路地裏「狸小路L字街」的稱號。

「店內使用了大量的櫻桃圖案，像是菜單、暖簾甚至是椅墊，有特別的用意嗎？」我問著。

「早期的日本聖代上面都會擺放櫻桃，用這樣的聯想方式，有了現在的創意設計，也可作為我們的標誌。」店長非常有耐心地回答我所有的疑問。而櫻桃的裝飾，也讓店內充滿了繽紛可愛的感覺。

「你看店名佐藤的佐字。」佐藤店長指著菜單上的字樣對我說。

「上面也有顆櫻桃耶！」我回應著。

「櫻桃之外，還把字體稍微順時針轉了45度。有沒有發現變成了另外一個文字パフェ？」

對於店長的說明，我驚呼原來在店名『佐藤』的設計裡，還隱藏了文字的藝術。

此時，我點的聖代也送上來了。是塩キャラメルとピスタチオ（鹽味牛奶和開心果）口味。

店裡所有的原創聖代套餐都非常可愛，菜單也是可愛的手繪風格，端上來的聖代和菜單上的圖片，幾乎沒有差異。札幌的聖代，是把冰淇淋、新鮮水果放到高高玻璃杯中的美式風格聖代，而盛裝聖代的杯子，也是先冰鎮過再上桌的。

在佐藤吃到的霜淇淋或是冰沙，都是店內堅持親自手作。冰淇淋以北海道牛奶為基底製作，而且為了要中和聖代的甜味，還會去縝密精算味道的調配，才不會讓聖代吃起來太過甜膩，也成了其他札幌聖代專門店沒有辦法吃到的獨家商品。每挖一口聖代都會有不同的驚喜，草莓慕斯、微鹹的焦糖冰淇淋等，都搭配得恰到好處。

雖然很多札幌人都認為是『佐藤』帶起聖代風潮的，但社長說一開始並沒有這樣的戰略和行銷計畫，單純地就是想提供好吃的商品給顧客，然後幸運地獲得大家的支持而已。其實不只是社長，從店長還有店員，都秉持著提供最好的服務態度，即便是最簡單的作業，所有程序都認真以對不馬虎。

吃完原創聖代之後再來杯香檳，或者喝下一杯溫醇的煎焙咖啡，是完美結尾中的結尾。咖啡除了可以暖身之外，聽說還有醒酒的作用。札幌的結尾聖代比起一般聖代價位較高，大部分的營業時間都在晚上10點過後，有點夜間加價的概念。但在大口喝完酒之後，用聖代當作結尾，對札幌人來說就像是不變的定律、既定的行程。

POTORI BAKERY

長沼有股神奇力量，聚集了一群嚮往大自然的人移住這裡，包括POTORI BAKERY 麵包店的関口小姐。

「這裡再往前開會有路嗎?」老公問著。

車道轉進了石子路，再往前開個3分鐘左右，誰都想不到白樺樹林的後面，會有一間小小的麵包店。位在馬追丘陵山上的麵包店，風景特別好。

「你是黃小姐嗎?最後一批麵包要從薪石窯出爐了，要不要來看看?」関口小姐親切地打招呼後，指引我從後面的小路走往烤麵包的地方。

「啊!烤出來的麵包成功了!真是太好了。」関口小姐和附近來幫忙一起烤麵包的陶藝家興奮地說著。

麵包出爐前，不會知道這次的麵包到底成不成功。在薪石窯小屋裡，讓人緊張又興奮，這期待感我想也是関口小姐做麵包的原動力。

関口小姐深夜12點半開始準備二十幾種麵包，半夜2點多，老公會把薪石窯的火種點燃。為了讓烤窯保有熱度，會慢慢加木材到窯裡面，直到火侯的溫度安定下來，此時，大概是清晨6點半左右。接著，再依照溫度的不同，分別將麵包依序放進爐火裡面烤。

「冬天要讓烤窯保有熱度比較難，所以烤麵包只會在溫暖的春夏季節。」

窯烤麵包必須依照當天的天氣、氣溫、風吹方向，以及火侯大小的不同，加入不同比例數量的天然酵母。而且因為是薪石窯，很難照著自己所想的來控制火侯。

「如果當天的薪石窯突然熄火，或者麵團發酵時間來不及，店裡就不會擺出麵包販售，因此不允許有失

POTORI BAKERY
050 - 1420 - 9048
www.potori-bakery.com
北海道夕張郡長沼町東9線北2番地
營業時間　4月～10月的星期六、星期日
11：00～17：00（麵包售完即休店）
* 冬季後正確營業時間參見官網

敗的麵包。烤麵包時是非常緊張的，那種完全睡不著的日子偶爾也是有的。」關口小姐笑著說。

用薪石窯烤出來的麵包具有遠紅外線的效果，讓麵包外層薄脆、裡層柔軟，非常好吃，光從麵包外表就能顯現出可口誘人的賣相。

外面入口處擺放著砍好的木材，那是去年所砍伐的木頭，花了一整年時間曬乾備用，才能成為窯烤麵包不可或缺的重要素材。而長沼在地的小麥，也被用來當作裝飾，放在店內一角。

「全部的麵包都已經擺上桌了，今天出爐的麵包大概有二十種。」窗外透進了自然光，和原味麵包相映襯的，是長沼農家輪作的農田。由於每年種植的農作物不同，因此窗外的風景每年也不一樣。

趁著開店前，關口小姐開始揉製明天的麵團，一邊跟我說著自己對麵包的堅持。

「我原本就是在鄉村長大的小孩。大學在東京生活，沒想到在東京遇上了一間無比好吃的麵包店，被衝擊到完全說不出話來，因此決定走向做麵包的路。我想做的是石窯麵包，於是回到老公的老家北海道；雖然在札幌住了一陣子，但為了尋找更自然美味的水，來到了長沼，使用無農藥的小麥粉、酵母，用這塊土地上的天然食材來做麵包。」

被長沼的大自然和親切住民吸引，關口小姐6年前決定搬來長沼。因為地廣，又以農地為主，冬天下雪時，不用擔心剷雪沒地方丟，加上長沼下的雪比起札幌少，因此居住起來感覺相當舒適。

長沼沒有下水道水可以使用，製作麵包最重要的水，是和鄰居一起引進來自山裡的湧泉，非常有名的「馬追名水」。另外，也在自家前的小小菜園，種植藍莓、玉米、豆類、香草等食材，並採用白樺樹的樹液來製作麵包。麵包裡的酵母也很重要，總共使用了三種天然酵母，不使用砂糖，來呈現出天然原味的麵包。

関口小姐每年秋天會和老公一起上山去採野生無農藥的山葡萄，非常有活力的野生酵母種會附著在山葡萄果皮上。関口小姐採摘之後從酵母開始發酵，將其自然培養成做麵包的自家酵母，而這種百分之百純天然的野生酵母，也是最古老的做麵包方式。

「我培養的這些酵母雖然值不了多少錢，但如果發生火災，我一定會抱著這些酵母跑走。對於酵母我真的很講究，講究到我覺得這些都是理所當然，說出來還覺得不好意思呢！」

使用無農藥小麥、裸麥、馬追名水、酵母，這塊北海道長沼土地所孕育的食材做麵包，加上関口小姐的薪石窯烤麵包技術力量展現，可以完整地將食材原味表現出來。

還不到11點鐘營業時間，外面的小石子路已經排了好幾台車在等著購買。

帶回家的麵包，經過自家的烤箱烤過後，就可以享受到像是剛從薪石窯出爐的熱騰騰麵包。天然酵母所延伸出來的嚼勁、香氣和一點點酸度，相信絕對可以從 POTORI BAKERY 無添加的麵包中，感受得到百分百的誠意。

SAPPORO ACTIVE NAVIGATION

大部分的人都是開車旅遊北海道，但騎乘腳踏車旅遊，其實更能感受北海道的自然美。車子的速度和腳踏車的速度，所見的北海道風景印象完全不同，稻田的味道、牧場的味道、油菜花田的味道，更深刻地留在我的心中。

第一次帶我認識長沼小鎮的人是上田先生，他是公路車體驗教練。是上田先生讓我喜歡上用公路車的速度看北海道風

SAPPORO ACTIVE NAVIGATION
011 - 532 - 0566
sannavi.jp
パレットの丘 40 公里路線
・此次騎乘路線：
長沼マオイの丘公園 道の駅→
東千歳パレットの丘→小麥田→
玉米田→啤酒廣告拍攝場地→牧場→
芝生の丘

景，讓我喜歡上長沼小鎮，也讓我知道原來還有北海道在地人，會因為用不一樣的視角看北海道風景而興奮。

一路騎乘，可以看見油菜花田、馬鈴薯田、小麥田、牧草捲，以及秋天的向日葵，長沼町夏天到秋天的農田景緻變化，豐富地盡收眼底。

「認識這小鎮已經有15年，農村的風景從以前到現在都沒有改變；最在地的北海道風景，可以在長沼町一覽無遺。」上田先生說著。

我們從札幌市出發，到達道の駅的「マオイの丘公園」休息站大約是1個小時車程。換上裝備，做好暖身操，從長沼小鎮為主要路線，附近小鎮為輔助路線啟程。才一離開起點，馬上就轉入了農道。

公路車轉進農道後，我已經開始興奮著。上田先生跟我

說：「還沒有呢，這只是剛開始！」

超棒的一直線農道，沒有人也沒有車，更沒有紅綠燈，沿路就只有田園風光、丘陵景緻，公路車就像是朝著沒有盡頭的道路前進。

「原來天空這麼寬闊！」因為四周都是平原，地平線可以很清楚的看到，讓天空看起來更為寬廣，也能更真實地體認到地球是圓的這件事。而且北海道的農道不像台灣多為石子路，連農村道路都鋪設得非常平坦，踩踏其上相當舒服。

再往前騎，眼前出現了幾乎看不到盡頭的斜坡。在一旁的岔路稍作休息，林蔭大道前出現的是景點パレットの丘，上坡後看到的則是農田景緻。

「今天天氣好，還可以看到山的另一邊就是夕張。」上田先生說著。

繼續往前踩踏，瞬間來到比人還要高的玉米田旁。

「這些長得比人還要高的デントコーン玉米都是要當成牛飼料的，玉米味道不會太甜，而且產量很多。」

隨之而來的是長沼大豆田。長沼的大豆收穫量也是全國第一，因為土地和氣候的關係，長沼可以種植很多種類的蔬菜，這樣的土地特徵在日本全國來說算是少見的優質。

收割前的小麥，隨風搖曳成了一片金黃色的波浪海。

「夕陽時分來看的話，這一整片小麥田真的會像是黃金色的海浪。」

我們隨著斜坡往前騎，小麥田也隨著我們往前延伸，沒有止盡，感覺躺在上面也會柔軟地隨著波浪搖擺。

夏天吹著南風，下一段農道可以順著風俯衝下去，那一

瞬間，自己也彷彿變成了風一般，融入景色當中。

旅途中，因為風景實在太漂亮，好幾次忍不住停下來拍照。這裡的景緻絕對不輸給美瑛，我想，移住長沼小鎮的人，應該都是被這片景色吸引而前往吧！

「北海道人對於體驗這件事情通常不太會花錢。像今天的行程是八千日元，但北海道人最多可能只會花三千日元去做戶外體驗。對道民來說，這些農村景色或者白雪景緻他們太習以為常，甚至對於為什麼要花錢去看北海道在地風景很不能理解。不同於北海道外的遊客或是外國旅人，他們對於這些地平線和農村道路帶來的景色反而會非常興奮和感動，最主要的差異，我想就在於能不能『用心』去感受北海道的魅力。」

聽完上田先生說的，已經住在北海道9年的我，至今仍會被夏天的農村景緻、冬天的雪景以及北海道所有人事物感動，對於這點自己真的心存感謝。而上田先生也是少數對北海道景色，還有著滿滿感動的北海道人。

「長沼小鎮其實還沒有太多人知道，在觀光書裡面也找不到資訊，這樣更棒，能夠保有最自然的風景，讓喜歡這個小鎮的人在這裡安居。」

上田先生將長沼附近的各種農道都記在了腦海裡。如果現在在這裡轉彎，體驗行程可以縮短五公里，或者想要欣賞其他景緻，就得要更換哪一條騎乘道路等等。不僅會視客人的體能狀況來調整行程，從4月底到10月初可以看到的景色不一樣，當然也會依此設計出最優質的騎乘路線。

上田先生對於長沼小鎮的喜愛與熱情，無形中也感染我想要窺探這個小鎮。無關居住時間多久，只要能用不一樣的速度、不一樣的視角進行，北海道一定還有更多令人感動的風景。

リストランテ・クレス 長沼店

リストランテ・クレス 長沼店
0123 - 82 - 5500
北海道夕張郡長沼町東 3 線北 10
營業時間　11：00 ～ 15：00
（冬夏季營業時間會稍作調整）
公休日　星期三

新鮮的蔬菜料理擺在純白色的玻璃製大盤子裡，切得非常大塊。綠色、黃色、紅色等各種鮮豔的蔬菜顏色，更讓人增加食慾。

這間自然派的野菜吃到飽餐廳，一直是我非常鍾情的地方。每當想要好好補充蔬菜營養，或者是台灣家人來北海道，想要好好享用蔬食料理時，我就會造訪這間田園風景餐廳。

遠離札幌市區街景，眼前的長沼町廣闊田園風光，讓人暫時忘記喧擾。車子駛進幾乎沒有人的車道，一片翠綠中的唯一小木屋建築，就是「リストランテ・クレス 長沼店」，也是我今天的目的地。更令人難以想像的是，這間餐廳每天不到11點，門口就會開始大排長龍。

「リストランテ・クレス 長沼店」每天只會準備一百人份的餐點，不管是假日或平日都一樣，如此精緻的限量，難怪每天都吸引人潮排隊，而且幾乎是以熟客為主。

「這裡的食材全部都是出自長沼町；原本就是希望大家可以吃到當地的蔬菜，所以才開設了這間餐廳，我希望可以讓大家知道新鮮現採的蔬菜有多麼好吃，尤其長沼町出產的蔬菜更勝一籌。」干場社長表示，自己一開始是為了健康而搬來長沼町的。

雖然大家都說北海道的蔬菜好吃，但蔬菜大部分還是被用來當作擺盤，襯托主菜；而且有名的餐廳也多是提供海鮮或肉類為主食，實際上到了餐廳也無法好好吃蔬菜或者是大量攝取蔬菜。干場社長因為非常喜歡吃蔬菜，加上看準了北海道幾乎沒有這種型態的餐廳，因此，在16年前便以長沼町的蔬菜地產地銷，來

經營這樣的蔬食餐廳。

長沼町是個以種植蔬菜為主的小鎮，這裡的冬天不會很冷，不像士別、北見等地野菜的生產會受到氣候限制，加上黏性土壤讓有機物質不容易流失，因此長沼町種出來的蔬菜特別好吃，也是日本少數優質條件可以種很多類型蔬菜的小鎮。

每一盤盛裝的蔬菜都像是藝術品，美得讓人不知該從何下手，每一種都好想要嘗試看看。「看起來好好吃喔！」身體也會因為好吃的東西而雀躍，誠實的反應期待又興奮的心情。

紫色的高麗菜、鮮黃色的玉米、鮮綠色的青椒，還有粉紅色的沙拉豆等等，這些鮮豔的顏色，就是北海道賜予長沼町大地的食物顏色。光是從這色彩鮮艷的蔬菜挑選自己想吃的，就足以讓人感到開心。客人臉上的笑容，也讓人感受到美食帶來的幸福。

吃了一口紅蘿蔔，發現口感非常鮮甜，讓人甚至懷疑裡頭是否加了糖。

「這是埋在雪裡的紅蘿蔔，甜度當然加分。」社長笑著向我介紹。

這裡的供餐方式是選一份主餐，蔬菜可以吃到飽。主菜也有漢堡排、照燒雞和三種義大利麵可以選擇，但是我的重點還是放在蔬菜，光是享受蔬食就已經讓人滿足。除了大量的蔬菜之外，飲料也都是100％的蔬菜汁，包括蘋果汁、番茄汁等等，尤其是自家製的番茄汁非常濃非常甜，新鮮口感讓人驚艷。

幾乎全部種類的蔬菜都吃了一輪，但卻不會覺得胃不舒服，或是吃太多身體有負擔感，甚至還有體內酵素正在排毒的感覺。

這裡的料理完全沒有化學添加物，只用簡單的鹽、橄欖油、醋來調味。因為是當地新鮮現採的蔬菜，因此只需要一點點調味就會非常好吃，將蔬菜的原味發揮到極致。另外，還有個重點是這裡的料理不使用胡椒，因為胡椒會破壞食物的味道，無法將蔬菜本身的美味呈現出來。

從食材的挑選到調味料的選用，都可以看出經營者與廚師的認真與用心。加上不限時間吃到飽的方式，讓顧客可以更細緻的品味有別於家裡的日常料理，在心中留下深刻的美味記憶。

而且這裡的用餐環境也跟札幌市中心的水泥空間、狹小用餐位置不同。為了讓大家可以在更寬闊的空間裡吃飯，餐廳的天花板挑高，窗戶也做得很大，將做料理的人興奮招待的雀躍心情，傳達給吃料理的人，彼此的心意透過開放空間傳遞。

餐廳的另一頭還設有蔬菜販賣店「クレス野菜畑」，讓顧客可以在吃完飯後，買新鮮的蔬果回去。而且餐廳裡使用的蔬菜品質，和販賣店裡的蔬菜都一樣是新鮮現採的。干場社長希望透過餐廳的料理，讓大家也能把美味的蔬菜帶回去自家的餐桌品嚐，在家中也能吃到長沼町的美味。

リストランテ・クレス 長沼店成功的把長沼町地產地銷的新鮮美味，藉由每一盤料理，送到大家的心中。

MAOIQ

MAOIQ
0123 - 76 - 9226
北海道夕張郡長沼町加賀団体
進房時間　16：00～20：00
退房時間　12：00

長沼，雖然說離札幌沒有很遠，但是卻有著讓我感動的風景，會讓人一直想要前往。而且不管來幾次，景色都一樣讓人動容，甚至想要住下來。因此，今年老公的生日，我選在老後想要移住的小鎮之一長沼，住上一晚。

今晚住宿的地方不是溫泉旅館，也不是高級飯店，用獨棟別墅來形容MAOIQ，我想應該是最恰當的了。

說是別墅，但這卻是一間非常難預約的別墅，今年7月底入住，我早在4月的時候就預約好了。當時，7月份的週末空房也只剩下最後一週的這一天。

「眼前的小麥田剛收割，明天應該可以從二樓窗戶看到卡車在這裡捲牧草捲！」跟我介紹別墅環境的是武隈先生。我們正入住的別墅，原本是武隈先生設計、蓋來自己住的。

3年前移住到長沼的武隈先生，希望把長沼的魅力讓更多人知道，於是把自己家以一日一組限定的方式提供住宿，也就是現在的別墅MAOIQ。

歐風的傢俱擺設，用來燒木材的暖爐，廚房用具等等都是現在最流行的家電，浴室裡也準備了頂級的沐浴備品，還有按摩浴缸。

從玄關到二樓有一整片面向西邊的落地窗，挑高的天花板，相當有開放感。從寢室窗戶向外看，可以看見一條沒有鋪設柏油的鄉間道路，左邊則是武隈先生的住家。

落地窗前偶爾會有蝦夷鹿來作客，二樓有著像是咖啡廳的吧檯和廚房客廳，後面則是ハイジ牧場。原來

MAOIQ 離牧場這麼近，這種住家環境真的讓人夢寐以求。而且透過隨處可見的窗戶向外望去，四周相當空曠，沒有太多遮蔽物，蔚藍的天空一望無際。

這裡的舒適程度比飯店還舒服，有時候甚至會讓人以為身處在自家，待回過神，才發現自己只是在別墅裡作客，正陶醉地在眺望窗外的景色。

有別於平日習以為常的風景，日出的顏色、土壤的香氣、耀眼的日光，還有從森林裡傳來的鳥叫聲和風的聲音，都讓人真切的感受到空氣感和時間的流動，捨不得時間一分一秒地流逝，是我很想留住的奢侈。對長沼小鎮來說，卻是再平凡不過的日常。

別墅的名字 MAOIQ（マオイク），是以馬追山（MAOI）為中心，周圍有長沼小鎮、由仁小鎮、和栗山小鎮等地區（Q），因而把別墅取為 MAOIQ。這裡有非常棒的人、非常棒的風景、非常棒的體驗，大家形成友善網絡，希望來這裡住宿的人，可以慢慢地瀏覽這一區。

來到當地人一定會知道的馬追丘陵欣賞夕陽西下，五感就像是被解放般完全舒展，開闊的心境讓心靈更有餘裕，所有的開心與不開心，都在那一瞬間轉化飽滿能量，對未來的生活充滿了勇氣。

晚餐可以到長沼鎮上購買蔬菜回來別墅廚房烹煮。若不想開伙，武隈先生也會推薦附近的野菜田園餐廳供住客選擇。雖然別墅有大型的播放牆，但是我選擇不看電視，放著音樂想要好好的脫離日常，

在空間裡感受寧靜時光。

非日常的感受來到了第二天早上。

醒來後磨著「咖啡考房」的咖啡豆沖泡咖啡。從窗外望去，雖然看不到日出，但濃霧的馬追山也別有風味。

「這蛋黃的顏色真美！是檸檬黃呢！」把蛋打在碗裡的瞬間，我不禁讚嘆著。

早餐有長沼「仲野農園」出產的百分之百蘋果汁、「卵ラン農場ムラタ」的放山雞雞蛋，以及別墅後方「ハイジ牧場」所製作的黃豆香腸，當然，還有美味無敵、無添加的POTORI BAKERY窯烤麵包。享受完長沼在地元氣早餐，住客可以在庭院前劈柴，或者是什麼都不想，放空休息，等待中午12點鐘的退房。

「有幾乎整整10年，為了尋找非日常的片刻，我每個週末都會從札幌開車到長沼來渡假，終於在3年前移住到了這裡。自從搬來這片土地，開始經營這間別墅後，有些煩惱對我來說已不再是煩惱了。」對武隈先生而言，能夠像現在這樣簡單的生活，是非常重要的一件事。

「冬天的剷雪量雖然比札幌還要來得多，但是可以看到一整片的白色雪景，就會忘記這些事情。雖然常常會被問到住在這裡難道不會不方便嗎？但這附近有農場、農園，還有養雞場，更有葡萄園，怎麼會不方便呢？反而是可以買到最新鮮的東西呢！」

能夠在長沼這樣過著非常簡單的生活，我也開始嚮往了。

Country Barn

Country Barn
0123 - 88 - 4203
北海道夕張郡長沼町加賀団体
營業時間　10：00～17：00
公休日　星期一

如果說，長沼還有什麼吸引我，那就是：住在長沼小鎮的人。住在長沼的人，總是讓我感受到溫暖，還想要再次回到這裡一趟。而 Country Barn 的二宮夫婦，就是讓我想要再次回到長沼的人。

進到雜貨鋪後，二宮小姐總是會幫我泡杯茶，親切地跟我聊天。聊天的內容，也不外乎是關於長沼町這個好地方的種種。

擺在店鋪裡的小物，大多都是出自長沼職人所做的作品，還有一些生活當中會使用到的道具。價錢都非常親民，不論是當作送給自己的長沼小禮物或者致贈他人，都非常有誠意且適合。角落處擺放的哈利波特原文書，在空間裡顯得特別搶眼。

「這個作品是移住到長沼町的蠟燭藝術家，所創作的手工蠟燭，想要表達的是在冬天的白樺樹林裡，白樺樹只剩枯枝的意境。這樣的作品也只有北海道以外的人才能發想出來，在地人反而會因習以為常而無感。」

每當我拿起作品端看，二宮小姐總會親切地為我介紹作品的由來。而且因為來這家雜貨鋪很多次了，二宮小姐對於我喜歡什麼樣的風格作品，大概都瞭若指掌，偶爾也會推薦我一些風格小物。

「這是會帶來幸福的鈴鐺，買了這個鈴鐺的客人，聽說一個禮拜後就交到男朋友了，是非常神奇的幸運鈴鐺呢！」

Country Barn 由二宮夫婦經營，老婆負責雜貨小鋪的店務，老公則是在後面小屋，專注於古樂器トンコリ的製作。

一旁放著客人訂製的トンコリ。要完成這樣的樂器，從等木頭完全乾燥後，大約要花上三個月時間才能製作完成。

二宮先生正透過愛奴的白色魔イナウ跟神明請祀。這些愛奴的模樣都是二宮先生自己的創作，所以希望能夠透過神明的幫忙，賜予力量和靈感。

「我記得トンクリ是北海道愛奴民族，也就是原住民的傳統樂器對吧？」我走進後面的小屋，和二宮先生打聲招呼話家常，距離上次見面，已經是半年前的事了。

「與其說是北海道愛奴民族，更正確細分來說，應該是樺太愛奴的樂器。這個只有五條弦的樂器非常簡單，是誰都能彈奏的樂器。」留著鬍子，粗曠的二宮先生跟我解釋著。

トンコリ不只音色美麗，還會發出音旋。二宮先生遞給我一支用七百年前木頭雕刻出來的トンコリ說：「你要不要試彈看看？」

「可是我不會彈吉他，這樣可以彈嗎？」

「這和吉他不一樣，不用做出音階；也和三味線不一樣，一根弦發出一個音。因為只有五條弦，要彈出不一樣的音階反而是比較難的。」

「哇！好輕唷！」我小心翼翼地從二宮先生手上接過這樺太愛奴的傳統樂器，上面還雕刻著愛奴的圖騰。

把トンコリ靠在自己的左肩上，反覆地撥出同樣的旋律。音樂好像透過自己的身體骨頭發出聲音，有種神奇的力量，是個會讓人想要擁有的樂器。即使弦撥得很用力，還是不太會發出太大的聲音，但那聲音卻讓人非常有共鳴。

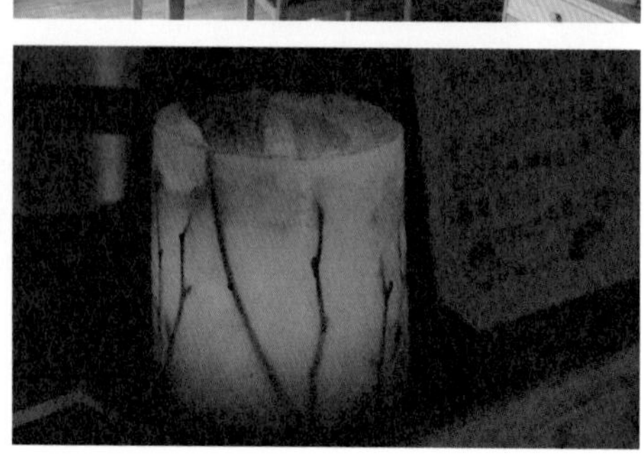

「一個人在非常安靜的夜晚，不斷重複彈著同樣旋律，會覺得自己的意識隨著音樂消逝了，靈魂就好像出竅般。トンコリ就是這樣的樂器，真的是很神奇。」

不同的トンコリ靠在自己身上所彈奏出來的音頻，或許會有一點點不同差距，但那種音樂旋律的美感，對我來說，都是會讓人彈著出神、聽著陶醉的音樂。

長沼町雖然是農業為主的小鎮，但其實有非常多作家、創作者住在這裡。這裡離札幌很近，離新千歲機場也不遠，要前往各地舉辦作品發表會交通其實相當便利。尤其是木工創作者，因為要使用機器等等會發出噪音，在都市地區施作會比較困難，很多木工創作者就會利用長沼已經休耕的小屋，在裡面進行創作，也因此，長沼其實聚集了非常多有才華的創作者。

在長沼町，有人和人的溫暖，還有和大自然和諧共處的溫柔，讓我對長沼町更有無限的憧憬。

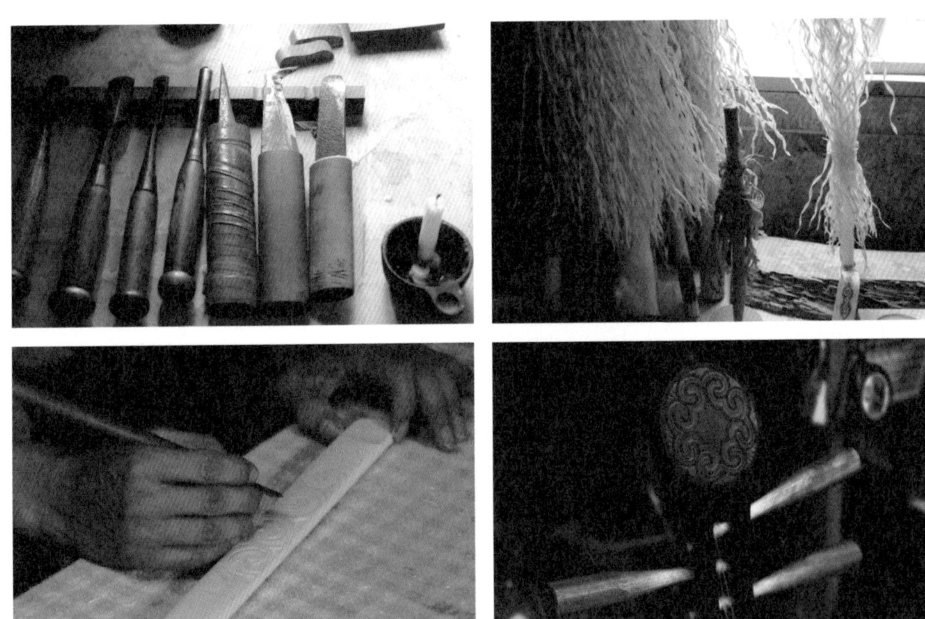

shandi nivas café

坂本夫婦在20歲的時候當起背包客，花了6年左右環遊世界，也在那時候喜歡上印度。

印度的食文化對他們來說是最忘不了的。將辛香料變成印度咖哩的過程非常有趣；有點類似中藥材的辛香料，單吃一點都不好吃，甚至還非常苦，但將好幾種辛香料加起來，香氣卻變得非常有魅力，坂本先生對於這一點一直念念不忘。

開始學做印度咖哩之後，越

shandi nivas café
0123 - 76 - 7306
北海道夕張郡長沼町東 4 線南 10 番地
營業時間　11：00 ～ 17：00
（最後點餐時間 16：00）
公休日　星期一、星期二
* 星期一遇日本國定假日，公休日則為星期二、三

發現印度咖哩的迷人之處。

當時兩人心中有一些想法，一個是「提供讓客人可以感覺幸福的方式」，另一個則是希望「在沒有太多人造物，只有大自然風景的地方，享受自己的生活方式」。

基於對印度咖哩的熱愛，兩人回到日本後，開始了移動式咖哩販賣的方式，跑遍全國，也一邊尋找著適合夫婦倆後半輩子的住所。

一開始來北海道的時候，並不知道長沼這地方，札幌的友人推薦一定要去長沼看看，也因此認識了Country Barn雜貨鋪的二宮夫婦。後來發現這裡的人都非常親切，長沼這塊土地就像是有黏性一般，會一直讓人想要前往。而且這裡從札幌出發過去不遠，離機場也很近，還有幾間特色咖啡廳，來休閒渡假的人不少。因為長沼的人情味，6年前坂本夫婦

決定移住長沼，在這裡開設了一間料理屋，供應熱愛的印度咖哩。

「實際搬來這裡後，發現住在寒冷的地方還是需要花一些時間克服與習慣。這裡受天氣影響的日子非常多，這時候就需要這小鎮上大家的互相幫助，也因此更能感受到長沼住民的人情味。」

原本就很喜歡古道具的夫婦倆，特別找了已經空屋10年，有50年歷史的老房子來改裝居住。徒手改造的過程當中，當然也得到了附近居民不少的幫忙。

最近，料理屋還在假日多增加了雜貨區，讓人想像好像是去了趟印度旅行般。

「當時選擇的物件只有一個原則，就是希望房子四周看不到任何的人造物，什麼都沒有最好。」坂本先生說。

我往窗戶外一看，的確是一片綠油油的稻田，景色非常美。

「每個季節都可以從窗戶看到不一樣的田園風景，夏天是碧綠色，秋天是金黃色稻穗，冬天則是一整片銀白世界。店名shandi nivas café，在南印度是和平場所的意思，希望來到這裡的人們，可以幸福的回去，店內的店員也都是以這樣的心情來接待客人的。」

坂本先生端上了自己最推薦的兩種口味咖哩，「チキンマサラ」和「エビとココナッツ」。

「印度咖哩是我特地到印度學的，還有迎合日本人的口味，所做成的改良式印度料理。盡可能使用地產地銷，尤其無農藥或者是低農藥的食材來烹調，包括豬肉、雞肉和白米都是北海道產，只有辛香料是來自印度。」

味道、香氣還有那一層層變化的咖哩味道，隨著入口的料理，暖到了身子裡。

「印度咖哩風味真的好棒！請問這是放了一天的隔夜咖哩嗎？」我吃了一口後驚訝地問著。

「印度咖哩用的是辛香料來提香，不像日式咖哩要隔夜的才最好吃。在印度沒有隔夜咖哩更好吃的說法，因此也不會這樣做。印度咖哩非常珍惜咖哩的香氣，如果放了隔夜，咖哩的香氣會不見，因此現做的咖哩是最好吃的。」坂本先生不急不徐地跟我說著印度咖哩和我所認知的日式咖哩，到底有哪裡不同。

在印度，用新鮮食材和香料本身的香氣去做咖哩，是他們很重視的一件事情。

印度使用辛香料的方法非常厲害，該如何讓香氣散發出最棒的味道，他們有著專業深入的研究與方式。就像日本人每天都吃味噌的概念，對於味噌的使用方法與製作，還有在料理上的發揮，也有深入的工法，不是兩三天、半個月一個月短時間就可以學起來的。只是，印度料理盡可能不花太多時間在調理上，這點相較於日本人的熟成文化：咖哩是要放上一晚才會好吃，這點倒是有點不太一樣。

「在日本，餐廳會每天盡可能提供味道一樣的食物，讓人記住這味道。但在印度，只要好吃就好了，像是印度咖哩常常在同一間吃，味道卻不一樣，只要料理好吃就可以了。」

「差不多就好，這樣的感覺其實也很不錯呢！」

我和坂本先生對於日本人纖細的地方頗有共鳴，兩人對此大笑著。

「你說你很喜歡冬天，對於北海道的冬天，有沒有什麼心得呢？」我問著。

「我好喜歡北海道的冬天，大家都說剷雪很辛苦，但是冬天的景色真的很美麗，雪白一片，只看得到雪的白色和天空的藍色，我每天都因為可以看到這樣的景色而感動著。雖然說天氣很冷，但是和東京比起來，一點都不冷！在家裡面也很暖和，只要外出剷雪時穿暖一點就好了；而且剷雪也是很好的運動，會大量流汗，對身體很好呢！」

能說出北海道雪景很美麗的，通常都是道外移住來北海道的人，我也是這樣子的。

坂本先生的言談，可以讓人具有心情平靜的神奇魔力，也可以從中感受他對印度咖哩的熱情，希望在長沼和更多人相遇。

ぬくもりの宿 ふる川

ぬくもりの宿　ふる川
01 - 598 - 2345
札幌市南区定山渓温泉西 4 - 353
進房時間　15：00
退房時間　10：00

出生在定山溪，「ぬくもりの宿 ふる川」已經77歲的溫泉旅館社長古川善雄先生，跟我說著定山溪的故事，從以前的興盛，到現在的衰退。社長從小就在這條溫泉街長大，以前家裡是賣名產的店家。因為是次男的關係，家裡的事業理所當然由哥哥繼承，剛好在31歲那一年，家裡附近有塊地要賣，社長於是想要出來自行創業。

「當時的定山溪溫泉街可是非常熱鬧呢！」社長娓娓說起定山溪的另一個故事。

小樽早期因為貿易的關係，熙來攘往的商人非常多。為了要讓跑船的人可以好好泡個溫泉，便在小樽附近挖掘溫泉地，也就是現在的定山溪。小樽通往定山溪的後山路，可是當時日本第二條付費高速公路呢！

「70幾年前，定山溪的人口大約有三千多人，跟現在的一千兩百多人幾乎差了一倍。當時的旅館數將近有三十幾間，非常繁盛，戰後更掀起了日本國內的觀光風潮。如果想要去比較遠的地方旅遊，國人的第一選擇就是北海道。」

社長看準飯店業商機，心想只要服務品質好、餐飲好吃，客人一定會上門。抱著這樣單純的理念，在30歲時，也就是昭和44年，開始了飯店業的經營。那時候，在溫泉街願意這樣經營飯店的，就只有社長。

「白雲閣」是社長創業的第一間旅館，營運才正要上軌道時，沒想到旅館對面的宿舍遇上大火，自家旅館也全燒毀了。當時剛好遇上石油危機，景氣相當不好，好不容易借貸了融資，才又建造了「定山渓パークホテル」飯店。

雖然說，在當時的觀光客也會去阿寒、登別等地方泡湯，但畢竟定山溪離新千歲機場近，團體客人潮多得嚇人。團客每天一批一批進來，光是應付客人的結帳，連上廁所的時間都沒有。熱鬧的煙火，更是每天在溫泉街上施放。

好景不常，奧林匹克決定要在札幌舉辦時，札幌開始蓋起新飯店。在這之前，札幌市區飯店非常少，想要在札幌周邊住宿，距離最近的定山溪絕對是第一首選。誰也沒想到，札幌奧林匹克，讓定山溪觀光產業帶來了前所未有的衝擊。

為了生存，社長決定在逆勢中主動出擊。他將「北海道觀光必吃螃蟹」定調為北海道巡禮，大量購進，在小樽開了一間螃蟹吃到飽的餐廳。在這之後的3、5年間，北海道一瞬間開設了不少螃蟹吃到飽、螃蟹專門店等等；能將螃蟹炒熱話題，成為北海道必吃的美食，這一點一直是社長心中感到自豪的。

之後，接著又面臨日本經濟泡沫崩壞時代，當地的信用金庫給了社長一個建議。「稍微再把旅館整頓一下吧！」那時候社長心裡想要打造的是一間「小小鄉下的風格旅館」、「日本最溫暖的溫泉旅館」，2001年，決定正式轉型。

把旅館改名重新整頓再出發，成為了現在的「ぬくもりの宿　ふる川」溫泉旅館。

當時定山溪旅館以鋼筋水泥建造居多，加上在溫泉旅館歷史中也幾乎沒有這種發想；以往溫泉旅館建築就是要大間豪華氣派，但社

長竟逆向操作，把房間數縮減為三分之二，提供的餐食也以和風現作為主，不管是旅館內部或外觀，全部統一成古樸風格，以人和人之間的互動為經營原則。

搖身一變為田園風格的溫泉旅館，有別於定山溪的一般旅館，讓人一進到旅館內就像是回到自己最熟悉的奶奶或是外婆家。像這樣的旅館風格，從未出現在定山溪的溫泉街上，甚至是北海道其他地區，因此除了固定的大量團客之外，更吸引了自由行客人，讓旅館的口碑在全日本溫泉旅館排名上，一直都佔據著前幾名。

「我的腦袋裡只是想著：要和周圍的人做不一樣的事情。」社長的話聽起來簡單，但仔細想想，要跟周遭的人做不一樣的事情，需要有遠見之外，更需具備莫大的勇氣和挑戰精神，其實一點也不簡單啊。

在北海道有這樣古民家風格的高級溫泉旅館，「ぬくもりの宿 ふる川」幾乎可說是第一家。但房間內的擺設並不是追求高級精緻，像是用了小樽的石蔵、定山溪一百五十年前的古木等等作為裝飾，與其說是高級品，更不如說是在品質上用心挑選。

要打造出全日本第一溫暖的溫泉旅館，服務人員對待顧客的形式並不是制式的九十度鞠躬、使用敬語說話等等，「ぬくもりの宿 ふる川」讓來這裡的人感受到發自內心的款待，不論是說明菜色或者入住接待，都可以從服務人員臉上的笑容，得到暖心舒服的感覺。

這次我們選的房間是「温泉付特別室３０２号」，裡頭有獨立溫泉，一方面讓喜歡泡溫泉的小孩可以泡個夠，一方面也算是對自己

的小小犒賞。

「房間裡面有溫泉耶！太棒了！」看見小星露出天真的笑容，對媽媽來說，還有什麼是比這更欣慰的呢。

從房間內的露臺半露天溫泉，再到頂樓的展望大浴場，最後則是露天溫泉「ゆ冥み」，把旅館內的溫泉都先泡上一輪。

「ゆ冥み」使用一百年前的古木、石頭和老舊樑柱打造，呈現「美泉定山僧侶」在一百五十年前發掘定山溪溫泉的樣貌。一滴水也不加的百分百天然溫泉，有別於最頂樓的展望大浴場，這裡的溫泉則是以放鬆、冥想為訴求。

回到房間後，換上舒適的室內服，放鬆地在房間躺椅吃著飯店準備的溫泉饅頭，在露天溫泉發呆、在Lounge喝杯梅酒，讓身體從平日上班的疲勞緊繃，轉為緩慢放鬆，算著自

己到晚餐前可以泡幾次湯。

服務人員拉開了木門，領引我們全家到用餐位置。對於溫泉旅館晚餐的「期待」，就是今晚的重頭戲。旅館的泉質再好、款待舒適，如果晚餐沒有讓人留下好印象，是稱不上好溫泉旅館的。

「今天預約了你一直想要吃吃看的圍爐裏會席料理。」我跟老公說著。

「圍爐裏會席料理」在北海道很少見，是一種用炭火慢烤，將新鮮食材帶出美味的料理方式。在地爐旁烤著小樽的八角魚、山女魚、日本對蝦，十勝和牛等燒物，用最簡單的食物調味，吃到食材的鮮味和甜味。服務人員也會適時地到桌邊幫忙翻烤，讓住宿客可以更盡量聊天，不用怕因為談話太盡興而忘記正在烤的燒物。

「等等吃飽飯要不要穿著木屐，到旅館附近的神社呢？」

「9點過後 Lounge 還會有免費的烤地瓜可以吃唷！」

用餐氣氛太好，聽著炭火的聲音，還有烤魚的香氣，不自覺地和老公多了許多對話。

「如果白飯不夠的話，是否需要再來一碗呢？」服務人員在最適當時機，敏銳地觀察著客人的需求。

會席料理一道一道地上菜。冷盤食物端上來時，吃下去會是冰涼的口感；熱食端上後也一定是熱騰騰的狀態，絕對不會有溫涼的菜色。而且強調等客人坐定位後，主廚才會開始料理，非常注重「現做料理」和「剛出爐」這些細節。

早餐走的是田園風，很像是住在奶奶家會吃到的早餐菜色。中央土鍋炊煮的白米飯、熱騰騰的玉子燒、季節野菜蒸籠、手工豆腐、鴨肉丸子湯，還可以自製海鮮丼飯，各式各樣的料理，都是飯店主廚親手料理，一早現做。

「下次還要來這裡泡溫泉唷！」旅館員工滿心笑容地這樣說著。

對我而言，真正的放鬆是體驗一般日常生活無法感受到的事，忘記緊湊的步調，全家人帶著滿滿被款待的心意離開。在「ぬくもりの宿　ふる川」住宿，每分每秒都能感受到被真誠款待的幸福感。

J・glacée

J・glacée
011－598－2323
北海道札幌市南区定山渓温泉西4－356
營業時間　9：00～18：00

「ぬくもりの宿　ふる川」溫泉旅館古川社長，走在定山溪的街道上，思考著自己還能為這條溫泉街做點什麼的時候，想到了定山溪附近南區的蘋果樹。被大自然圍繞的山里定山溪，加上豐平川湧泉，位於南區八劍山山麓，從早期就有許多蘋果園，雖然現在已經大幅減少，但還是有非常努力種植蘋果樹的農家，因此社長想要用行動來支持這些果農。

雖然說「溫泉饅頭」儼然已經成為日本溫泉街必備的名產，但古川社長想要打破這樣的傳統觀念，以不一樣的蘋果派導入定山溪溫泉街。而且蘋果派是年輕人喜歡的甜品之一，希望可以藉此活化定山溪溫泉街，讓更多年輕人來這裡玩，不再只是大人的散策特權。

有時因為季節關係，八劍山的蘋果產量不足以供給製作，這時就會用余市生產的來替代。雖然產地不同，保證絕對都是北海道產。

溫泉街上外觀可愛的蘋果派專門店就此誕生，讓溫泉街的氛圍更年輕、更有活力了。定山溪這裡從道外來的觀光客很多，甚至特地開車來買蘋果派的札幌居民也大有人在。平日大概可以烤上一百個左右，假日則是可以到兩百多個。」

脫鞋之後，我選了個靠窗的位子坐下。翻看菜單，不假思索直接點了招牌蘋果派。

拿起刀叉切下蘋果派的瞬間，「喀嚓」的爽脆聲，還沒有吃，就先感受到了聽覺享受。入口之後，可以吃到蘋果的酸甜味，而且不會膩口。派皮烤得又香又脆，一咬下去層次讓人非常驚豔。

蘋果用真空低溫調理，因此香氣跟甜脆全部都被保

FRESH
COFFEE
SPECIAL SWEETS

J·glacée

存下來，填充進百分百奶油製作而成的派皮裡，因此吃起來非常有層次感。而且完全不使用砂糖，只使用味醂，讓蘋果的甜味又提升許多。小小咖啡廳裡，充滿了幸福的味道。

「温たま塩そふと」，溫泉蛋和霜淇淋？第一眼看到這個組名名稱的甜品，充滿疑惑與卻步，但實際吃了之後便深深愛上它。霜淇淋除了使用北海道產的牛乳之外，連製作霜淇淋的機器都是引進自義大利，讓霜淇淋的口感吃起來更綿密。

「這款甜品最重要的關鍵就在於掌控好蛋白和蛋黃的溫度，要讓湯匙切下去的瞬間可以和霜淇淋融合。吃的時候要把霜淇淋和溫泉蛋還有焦糖一起攪拌均勻唷！」店長教我正確的吃法。

「這味道和布丁幾乎一模一樣呢！或許也可以說它是味道更濃厚的布丁。」我吃下後驚訝地說著。

「接下來會繼續研發中午套餐；定山溪附近旅館的退房時間大概是10點、11點，希望在退房後，大家能在定山溪吃午餐，把更多時間留給這個美麗的地方。」

如同蘋果派的多層次口感，J・glacée也希望透過這裡的空間、這裡的甜品，讓來到定山溪的人，能享受到更多在地風情與幸福滋味。

心の里　定山

心の里　定山
011 - 598 - 5888
北海道札幌市南区定山渓温泉西 4 丁目 372 - 1
營業時間　10：00～18：00

邁入第6年的足湯「心の里　定山」，是北海道第一個需要付費才能體驗足湯設施的溫泉。

在定山溪溫泉街上有好幾處無料的足湯區，為什麼還要花錢泡足湯呢？對旅客來說，定山溪和免費足湯畫上等號的刻板印象較多，這是因為之前定山溪幾乎沒有其他地方可以觀光，因此，希望來定山溪住宿的客人在進房前或是退房後，可以在定山溪多停留一些時間，所提供的溫泉足湯服務。

然而，「心の里　定山」則是希望能以更幽靜舒適的環境，讓來這裡的客人，可以感受定山溪的四季。冬天可以賞鳥看雪景，春天欣賞滿山綠意，夏天沿著溪流散策，秋天則是盡覽整片楓紅。

這裡是專屬大人的放鬆空間，未滿12歲禁止進入。只要付一千五百日元入館費，即可以自由地進出，也可以攜帶外食或是便當入內用餐。一旁的用餐區也備有小餅乾、咖啡等輕食，讓泡足湯的客人無限享用。

戶外的沙發椅背非常高，長時間靠坐背部也不會覺得不舒服。定山溪的溫泉是塩化物泉，沒有任何味道的溫泉是這裡最大的魅力。只是自然湧出的泉水溫度非常燙，大約有70到90度左右，旅人可以用人工泉水來調整自己最舒適的溫度。足湯區共有八區，環境的水流瀑布聲，能讓人在泡腳時忘卻平日煩惱，相當愜意。另一區的雙人座足湯區，可以看到庭園花草景色，偶爾還有鳥兒飛來，模樣可愛至極。在這裡，可以用五官好好的感受定山溪的大自然。

室內放了各種造型沙發，想在休息區小憩片刻也可

以。還有茶室供旅人喝茶，更有八百多本關於森林和自然的書籍可以自由翻閱，相當舒適。

雖然是泡足湯的空間，但最主要的目的就是讓人可以在這裡好好放鬆，渡過悠閒什麼都不想的時光。

先到外面泡個足湯，再進來喝杯咖啡，挑選一本喜愛的書閱讀，躺在形狀不同的沙發上，用各種自己喜愛的姿勢放空發懶。當然，也可以把咖啡和輕食拿到外頭享受戶外足湯，回到館內，還有各種身體乳或保養油可以使用。

「我從札幌市移住到定山溪已經有17年了。定山溪可是位在國立公園裡呢！可以住在國立公園裡，對我來說就像是作夢一樣。」正在一旁整理書籍的一条先生和我搭起話來。

原本在藻岩山從事自然導遊的一条先生，因為老家在宮城縣的鳴子溫泉附近，因此希望老後生活可以住在溫泉和大自然的地方。後來發現定山溪有自己非常嚮往的溫泉之外，離大都市札幌也非常近，車程不用一個小時，就能擁有這樣密度非常高的大自然，特別是有溪流和水庫，於是決定移住這裡。

定山溪其實是由薄別川、白井川、小樽內川等支流在這裡形成豐平川，再匯流到豐平峽水庫和定山溪水庫，供給札幌市民百分之九十八的用水。藻岩山因為沒有水庫，跟定山溪比起來，自然生態較少，而定山溪的源流是豐平川，水非常乾淨之外，也因為有水庫、河川，相對起來大自然的密度較高。不但有許多動物聚集，植物和野花的種類也特別多，在這裡，經常能見到各種不同種類的昆蟲。

很難想像70年前的定山溪，經常可見人們搭著屋形船在船上喝酒。人們有著各種泡溫泉的需求，不管是交際應酬也好，消除工作上的疲憊也罷，加上因為距離札幌很近，在戰後曾風光一時。現在的定山溪，則是靠著溫泉還有高密度的大自然再扳回一城。不論是大自然還是森林或水質，都讓人真心喜歡而前來。

我也喜歡上了定山溪的春天。

定山溪到4月底左右都還有部分殘雪，黃金週之後是剛開始融雪的時間。地面植物開始冒出新芽，大約從黃金週之後到6月初左右，野花會綻放得非常美麗。

而且因為有河川和水庫的孕育，山菜和香菇也生長得特別多，從二見橋的林道一直延伸到中山峠山頭，遍布廣泛。隨著夏天即將到來，氣溫逐漸上升，大地開始甦醒，植物從翠綠轉為各種鮮豔色彩，百花綻放的姿態，比起楓紅更叫人喜歡。相信不論在什麼季節到來，定山溪都有讓人愛上的理由。

定山溪豐平川獨木舟體驗

豐平川的上游就位在定山溪溫泉附近。河川周圍樹林密布，一到秋天有著滿山滿谷的紅葉。每年從6月下旬到10月底，在定山溪都可以體驗豐平川划獨木舟。

我想不出比划獨木舟賞楓更酷、更能感受札幌秋天的事情了。光是在定山溪秋天划獨木舟，我就有過兩次美好體驗。

「我去年夏天去過台灣耶！總共去了四天，還搭高鐵到高

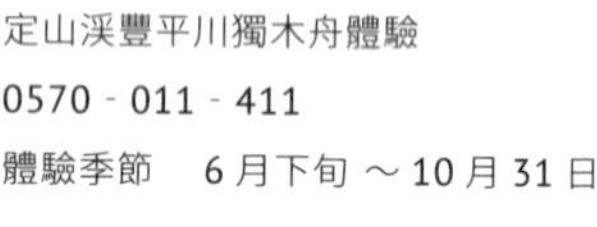

定山渓豐平川獨木舟體驗

0570 - 011 - 411

體驗季節　6月下旬～10月31日

雄，所有食物都太好吃了。」

「就只有臭豆腐不行，整個夜市都是臭豆腐味道！」

「你不吃納豆啊？我知道了，應該就像我不敢吃臭豆腐，你不敢吃納豆的感覺，我懂我懂。」

定山溪的楓葉季節，我搭著從札幌車站出發到定山溪的巴士，在「太郎ノ湯」公車站下車，迎接我的是白川先生。一聽到我是台灣人，立刻跟我說著到台灣旅遊的感想，把自己所知道的台灣，毫無保留地跟我分享。

在定山溪划獨木舟已經不是第一次了，去年的這時候，也同樣搭上白川先生的獨木舟體驗。第一次因為感覺新鮮特別，重點都放在體驗划獨木舟這件事情上，這次我要把划船交給白川先生，自己要用眼睛好好欣賞豐平川上有著美麗視覺震撼的滿山紅葉。

白川先生在定山溪從事夏秋兩季獨木舟導遊已經3年了。雖然3年時間不算太長，但他可是定山溪資歷最深的獨木舟達人呢！能道盡定山溪獨木舟樂趣的，白川先生如果說他是第二，我想沒有人敢說他是第一。白川先生是道地的北海道札幌人，每天從札幌市區開車到定山溪，冬天則是到二世古滑雪場幫忙。

「記得把放在車上的外套也穿上唷！」白川先生提醒我。因為是在樹林裡划獨木舟，又是靜態的運動，體溫容易快速降低，要穿著保暖是白川先生給的專業建議。

穿上救生衣後，會簡單先說明獨木舟的操作方法、注意事項和植物生態保護叮嚀等等。日本的河川和道路概念相同，只要擁有車子就可以上路，獨木舟也是一樣。因此只要是天氣好的週末，豐平川上可是會擠滿二十多艘獨木舟呢！

「因為定山溪周遭都是溫泉，所以河川的溫度也是燙的，你摸摸看。」天真的我，還真的摸了水溫，沒想到一摸才發現被白川先生騙了。白川先生在整趟行程中，偶爾會逗趣地穿插搞笑，幽默風趣的方式，拉近了人和人之間的距離。

實際上，河川的水溫會隨著天氣變化而有不同，夏天水溫會上升，但現在秋天季節摸到的河水，其實水溫還蠻冰涼的。

楓葉隨著光線照射的角度不同，呈現出的紅也深淺不同。順著溪流划行，感受著初秋有點乾冷的空氣。帶點涼意的天氣，襯著滿山楓紅，其實頗有浪漫氣息。偶爾傳來野鳥的響亮叫聲，攀滿岩壁的

紅葉景象，對比在河川中划行的船隻，一瞬間，好像有種快要被吸進去岩壁中的錯覺，奇幻得令人有點不可思議。

「黃桑家的小朋友幾歲啦？」

「已經4歲多了。」

「那下次一定要帶你們家小朋友來划獨木舟。這條豐平川比起一般河道較和緩，又是淺川，只要順著溪流划行，稍微控制一下槳的方向就可以，非常適合初學者。」

如同白川先生所說，順著河流幾乎不用出太多力氣，用槳輕輕控制方向，獨木舟就會順流滑行。來到橫跨斷崖和斷崖之間的紅色錦橋，這裡是定山溪紅葉季節拍照的人氣景點，從錦橋上往下拍獨木舟，照片景色非常漂亮。人車分道的朱紅色錦橋，今年春天剛重新刷上紅色油漆，在滿山滿谷的紅葉裡，顯得更有氣氛，也替豐平川增添了不少風情。

在北海道有過幾次划獨木舟的經驗，但通常都是水域很寬的湖泊或河流，能在河道不寬的地方體驗溪谷獨木舟，機會可是不多呢！再往前就是人造水庫「一の沢水庫」，這邊也是獨木舟行程的終點。因為水庫的水是供給札幌市民飲用的，因此水質非常清澈。

「這個季節的定山溪常常下這種陣雨。不過看這天氣，雨勢應該馬上就停了。」天空突然飄起毛毛雨，白川先生用專業判斷著天氣。

大部分中止划獨木舟行程的理由，不是因為強風就是河水氾濫。

如果是在水域較寬的河川或是海面划行，常常就會受到強風影響而中止，但是定山溪因為周圍有樹林，不太會受到強風影響，因此行程成行機會非常高。而定山溪周圍的「さっぽろ湖」和人造水庫「定山溪水庫」，發生河水氾濫的情況也很少見，加上豐平川的河水量比較穩定，因此活動中止的情況幾乎沒有過。就算真的因為天氣狀況太差，逼不得已取消，由於離札幌很近，從定山溪搭公車回到市區也只要一個小時，不至於會有大老遠跑來的無奈。

體驗經過了一個多小時，我們回到了出發的原點。

這趟獨木舟旅程，讓人跳脫札幌都市工作的煩擾，在美麗的紅葉林中游移，帶著感恩知足的心情，向秋天說聲再見。

エゾアムプリン製造所

即使輸入店名、電話，導航上還是無法顯示正確地點，只能靠著沿途道路的指標前進。車子拐進了田間小路，行駛在小麥田間。

「這裡真的有賣布丁的店家嗎？如果再沒有建築物的話，就回頭了吧！」老公疑惑地問著。

跟著路標總算來到了位於小丘，周圍沒有任何建築物，只有藍天、小麥農田，一幢看似廢棄的小木屋前。木屋外壁有點像是蓑蛾的幼蟲顏色，周圍被蒲公英包圍，附近是一望無際的農田，這裡是エゾアムプリン製造所，賣著堪稱北海道最貴的布丁。

車子停好後，從木屋的窗戶可以看到有人在裡頭，室內傳來像是攪拌器敲打鋁盆的聲音。

「就是這裡沒錯了！」我踏進只有約兩坪左右的玄關說著。

「請問是有預定布丁的客人嗎？沒有啊……那我先看看訂單喔！」服務人員的笑容溫暖可掬，就像是今天溫暖吹著微風的天氣。

「還可以購買布丁，但是你們一家三口只能買一個唷！一個是一千公克左右，價錢是二千八百日元，請問可以嗎？」服務人員翻了翻訂單本子，跟我們解釋著這裡的規矩。

在這小小的布丁製造所裡，這個用布丁來決勝負的小店，從門縫中可以看到還有一位婦人正盯緊著烤箱，看著裡頭布丁的狀況。她是エゾアムプリン製造所的老闆娘，加藤小姐。

「小時候在朋友家吃到的手作布丁非常好吃，到了現在還是對那味道難以忘懷，因此想要自己動手做布

エゾアムプリン製造所
0167 - 27 - 2551
北海道富良野市平沢 3893 - 4
營業時間　10：00 ～ 18：00
（1 ～ 3 月 17：00 休店）
公休日　星期一、星期二

丁。」加藤小姐邀請我坐下，跟我說著她開始做布丁的契機。

「曾經在東京販賣自己的手作布丁大約一年半時間，之後因為想要在大自然環境生活，因此移住到北海道。因緣際會下，現在製造所的地點是休耕農家所空下的土地，當初房子整個搬走，只剩下水泥地基，我和先生的爸爸一起花了一個月自力自建，蓋好屬於自己的製造所。」

製作布丁的原料，全部都來自北海道。雞蛋是隔壁村莊「老節布」的老爺爺飼養的純日本國產雞蛋「桜卵さくらたまご」，另外，牛奶也是每天去附近牧場當天現擠的。在富良野，夏天氣溫有30度，冬天則可以降到負30度，乳牛的乳脂肪也會因為氣溫變化等等跟著改變，因此夏天的布丁吃起來非常清爽，冬天則是味道濃厚，從布丁的口感中也能感受到季節的變化。除了會隨著天氣溫度有清爽濃厚變化的牛奶之外，還有北海道產的鮮奶油、甜菜糖和泉水製成的焦糖，盡可能使用富良野附近的天然食材，而且不添加防腐劑。

由於堅持手工製作，連打蛋也不使用機器，而是手工攪打。加上烤箱一次只能烤6個布丁，因此每天只能製造24個布丁。

為了讓布丁可以烤得平均，每隔5分鐘，要把布丁器皿拿出來，放在溫水裡輕輕地搖一搖、轉一轉，讓正在烤的布丁溫度不會急速下降，再放回烤箱裡繼續烤。每隔5分鐘就要重複一次這些動作，直到全程烘烤完成。

加藤小姐破例讓我進到工房觀看製作過程。邊和加藤小姐聊天，邊看到如此細心的烤布丁工序，同樣的動作每隔5分鐘就得要重複

一次，由此便能完全理解為什麼エゾアムプリン製造所每天的產量這麼少、人氣卻超高的原因。這裡製作的布丁有一半是寄送到北海道外地區給預訂的客人，因此預訂的人等上半年是常有的事情。而另一半則是預留給北海道內或是特地前往製造所購買的現場客人。

玄關外擺了兩大桶讓人免費自由拿取的玉米，老闆娘說：「可以的話，麻煩請多拿幾根吧！」

我想，這是為了答謝遠到而來購買布丁的客人，所準備的小小驚喜，也是另一種用心款待。

エゾアムプリン製造所附近周圍都是玉米農地，不難想見當玉米大量盛產時，過剩的玉米應該也很讓農家們傷腦筋。

「竟然能免費拿到惠味玉米，下次要拿什麼來答謝呢？」準備上車離去時，我聽到在我們後面排隊購買布丁的老爺爺，手裡捧著布丁和玉米，開心地這樣說著。

惠味玉米是北海道玉米等級當中最高的，美味甜度自然不在話下。難怪這位看起來像是住在當地的老爺爺會這麼開心呢。

「原來我們剛剛拿到的是惠味玉米啊！這太好了，玉米甜度一定很高。」老公笑著說道。

怎麼樣都想不到，直徑20公分、高6公分的陶器皿，裡面竟然盛裝著這麼美味的布丁。

回到札幌家裡後，我小心翼翼地把從富良野帶回來的布丁包裝層層打開。從包裝就可以感受到店家對於布丁的呵護。

布丁就像是藝術品般被盛裝在頗有份量的茶色陶器皿裡。陶器皿可以放到烤箱裡烤，食用完布丁後，還可以打碎陶器皿放到土壤裡，讓它回歸大自然。

我端詳約莫10分鐘後，終於拿起湯匙挖下去，而且是第一次豪邁地用湯匙吃布丁。入口之後，吃得到焦糖的香味，卻不會太甜；濃郁的雞蛋香氣和綿密口感，不管是大人還是小孩，都會一吃就上癮。

「布丁的味道比昨天吃的時候還要稍微濃郁呢！」隔天再把布丁端出來吃的老公驚訝地說著。

布丁的賞味期限大概在一個禮拜左右。布丁的水分每天一點一點消失，從一開始吃到的較重焦糖味，慢慢轉為雞蛋香味比較濃厚。在食用期限內，布丁的味道每天都在變化著，隨著時間越放味道變得越濃厚。充滿驚奇的布丁，明天、後天、大後天會是什麼風味呢？更讓人滿心期待著。

中富良野

星に手のとどく丘
キャンプ場

大部分北海道人擁有許多戶外活動興趣，至少我周遭的北海道朋友都是這樣的。我想，一方面原因是因為冬天關在家裡的時間長，一到夏天，就會往戶外烤肉、露營等等，成為大家假日的休閒活動。

「在北海道完全可以好好放輕鬆享受。」

「來北海道才知道什麼是享受人生。」

即使不是北海道本地的日本人，也很喜歡來北海道戶外露

星に手のとどく丘キャンプ場
0167 - 44 - 3977
北海道空知郡中富良野町字中富良野ベベルイ
露營場營業日期　4/27 ～ 10/9 （2018 年）
露營場入場時間　13：00 ～ 17：00
出場時間　06：00 ～ 11：00

營，會有一種讓人一試就愛上的魔力。

而在地的北海道人不管是年輕人或是親子家庭，夏天最喜歡的戶外活動之一，就是露營。

「這禮拜是你的第幾露？」

「今年去了哪些地方露營呢？」

「近期用了哪些好用的露營用品？」

關於露營的對話，在北海道民的夏天日常很常聽見，也算是彼此之間的問候語般平常。

「我們道民喜歡露營，當然營場也就特別多，而且設備都很乾淨。」這是北海道朋友跟我說過的話。

北海道有超過三百個露營場地，大部分都設備齊全環境乾淨。每個我去過的營地，都留有美好的回憶，好天氣的時候，風景美得就像是一幅畫，

總會停留在我腦海裡許久。即使是5年前在北海道美笛露營場的湖邊風景，至今還是讓人難以忘記。

在北海道有過好幾十次的露營經驗。每次露營，都讓我更加喜歡上北海道。用五感享受北海道的大自然，真心覺得該從北海道露營開始。

「星に手のとどく丘キャンプ場打電話來說今天臨時有人取消營位，我們要衝嗎？」

「那個營地一直好想去，看了一下富良野的天氣好像不錯，那我們出發吧！」

那是個初秋的星期六早晨。北海道熱門的營地，如果沒有在每年的4月初開放就電話預約卡位，幾乎都只能排候補，等待露營場當天通知預約取消可候補的訊息。

北海道的營地大部分都位於

風景優美的湖邊或者是山區，包括「星に手のとどく丘キャンプ場」也是。當車子駛進山丘時，看著窗外的風景，心中只有感動。

映入眼裡的畫面是整連綿的北海道丘陵、白楊樹還有小麥田，我們終於到達富良野市區東邊小丘陵上的「星に手のとどく丘キャンプ場」露營場。由於營場位於海拔較高的丘陵地，因此還可以清晰看見天空的雲朵，而且好似離我們很近。

北海道的露營場地很大，每個營帳之間的距離非常空曠，因此能保有良好的隱私。加上位於山丘上，視野非常棒，可以看見整片無限的風景。

「需要木材嗎？」下午4點多，從遠處聽見整齊劃一的聲音。當地的小孩子們坐在小卡車上，環繞露營場一圈，問著

大家是否需要生火木材。

可能是初秋的關係，比起夏天的露營旺季，今天的營友相對較少。在大草坪上，營帳想要搭在哪裡就搭哪裡，自由度更高。待營帳搭蓋完成，小星也已在動物區和小兔子們玩了好幾回，在營地跑了好幾圈。此時老公也升好了營火，我們開始把剛剛在富良野超市買到的玉米和肉片放在爐火上烤。而且當然是北海道人的傳統烤玉米方式，整支連皮下去一起烤，再剝皮食用。

這時候夕陽把天空染成了橘紅色，在營地前慢慢下沉。日落從農田景緻的另一端慢慢沉下瞬間，消失在地平線，就是露營最美好的時刻，也是今天最棒的一瞬間。喝著啤酒看著夕陽落下，富良野夕陽帶來滿滿的感動，也讓人覺得手中的啤酒特別美味。

「天空被染成橘紅色，是富良野特有的夕陽顏色。」老公說著。光是看到眼前這片美景，就覺得今天真的來得太值得了。

露營晚上的重點就是營火。為了保護草皮，不要讓火直接燒到草皮，北海道人露營都會攜帶焚火台。但是這裡的營地有附設固定石頭焚火台，相當方便。身處大自然中，看著微微晃動的營火，心情更是放鬆。

「我要跟你說一個很可怕的故事喔！」突然間，老公眼神變得怪怪的。

「什麼啦！如果是妖魔鬼怪的我不要聽喔！」我轉頭看了一下四周。

「我曾經在這露營場被狐狸襲擊過。北海道的狐狸又稱做北狐きたきつね，這種野生狐狸不止超級兇猛，連摸都摸不得，甚至摸了還會得一種『エキノコックス症傳染病（狐狸傳染病）』呢！被狐狸咬到可是不得了，還有截肢的可能，所以等等記得廚餘一定要包好，不要變成引誘野生狐狸聚集的餌囉！」

老公再三我叮嚀我吃不完的晚餐絕對不要擱置不管。10年前老公和朋友來這裡露營時，曾遇過北狐半夜來偷吃食物，因此他再三告誡我，北狐身上有很可怕的寄生蟲，叫做胞條蟲，如果被感染，嚴重的話可是會有生命危險呢！雖然北海道人看到過馬路的北狐都很習以為常。

晚上喝著老公用紅酒、柳橙汁、砂糖特調的熱紅酒，一邊暖活身體，一邊圍著營火聊著以往一起露營的趣事。那一刻，真的覺得好

幸福，當下也決定下個露營目的地要前往道北的朱鞠內湖露營場。

「天上的星星原來有這麼多顆啊！」小星說著。

「這裡可是全日本可以看到最美麗星空的地方喔！」我回應她。

位於富良野市區東邊山丘的露營場，營地剛好被四周山丘圍繞，阻隔了市區的照明光害，非常適合觀星。晚上8點左右，滿天星斗高掛夜空。感覺星星距離我們非常近，就像是伸手可及一般，和露營場名「星に手のとどく丘キャンプ場」完全名符其實。

老闆說，當初就是為了可以讓更多人一邊看星星，一邊升營火，才開始經營這裡的露營場。後來這裡也獲選日本的美麗星空鑑賞專業書籍《星空キャンプの教科書》，北海道唯一推薦的地方。

北海道和日本本州或者台灣比起來，因為空氣濕度比較低，因此看到整片星空的機率也更高。往天空看去，有幾顆流星劃過，銀河、甚至是人工衛星，用肉眼就看得見，不管你要許多少願望都可以。小朋友因為整片星空而感動，這種能看得滿夜星空的露營夜晚，比起一般的主題露營還來得令人雀躍。而且能和喜歡的人、心愛的家人一起欣賞這個營地給的禮物，真是莫大的幸福。

晚上從公用洗手間走出來，會發現整個營場只剩下營火和氣化燈的微弱燈光。為了讓大家有更好的環境觀星，每個營帳和營友都會把不必要的燈源給關掉，晚上9點多鐘就幾乎安靜無聲，非常寧靜，隔壁營友的講話聲音也可以聽得一清二楚。而且來這邊露營的人，大部分都是有露營經驗的營

友，晚上會大聲喧鬧的年輕人也很少。

雖然是初秋的晚上，但晚上溫度已驟降到6度左右，還好我有多帶薄的羽絨衣禦寒。

「咩～～～」一早放牧的綿羊們，成了最天然的鬧鐘。早上6點多打開營帳門一看，帳篷旁邊的草地上有正在吃草和奔跑的綿羊群。這時得趕快顧好早餐的麵包和沙拉，因為羊群們最喜歡吃了。

北海道會因為地區不同，垃圾回收的規矩也不一樣。像是富良野地區的廚餘回收是需要再另外分類的；加上中富良野因為沒有垃圾焚化，因此垃圾會細分成七大類，一到9點鐘，服務中心就會廣播，請營友們準備將垃圾回收。

「こんにちは。」

早晨在營地和日本人擦身而過，大家都會有默契的禮貌打招呼說聲你好。

「下次真的要早點來，這樣才可以先選到想要的營地位置。」我這樣說著。

這裡的營地有先到先選的權利，如果下次能早點來，就能挑選自己喜歡的地方，悠閒地享受北海道的浪漫露營，以及北海道的大自然。不過，日本的蚊蟲非常兇猛，加上被緯度越北的蚊蟲叮咬會腫得厲害，因此，露營時一定要做好防蟲措施。

擦薄荷油是北海道人驅趕蚊蟲的基本防護措施，因為北海道人自古相信薄荷的味道對驅蚊驅蟲相當有效。實際用過之後，也覺得效

果非常好，因此夏天進行戶外活動，我的包包一定少不了薄荷噴霧。

北海道露營最特別的地方是：營場幾乎都是夏天限定，從每年的4月開放登記，7、8月會是最多人露營的季節，到了10月中旬左右就會結束營業，因為接下來就會開始下雪。

露營會讓人的身心得到深度放鬆，從大自然中得到充足的精神養分。尤其是北海道的露營，對我來說更是一種享受，一種擁抱大自然最棒的方式。

どんころ野外学校

「通常只要溫度下探到負20度左右，都是這樣晴朗的好天氣。那種大吹雪的壞天氣，其實溫度反而降不太下來，最多大概只有負10度左右。」

負20度的南富良野晴朗早晨，讓我遇見了閃爍著美麗光輝的鑽石星塵。在完全沒有心理準備之下，親眼看見鑽石星塵時，內心真的難掩興奮，感覺實景比照片所見還要來得更閃閃發亮。

どんころ野外学校
0167－53－2171
北海道空知郡南富良野町落合
預約： 北海道体験 .com
h-takarajima.com

迎接我的是大阪出身的「どんころ野外学校」領隊新野先生。因為嚮往一踏出門外就是大自然的生活環境，新野先生在27年前移住到南富良野。

「南富良野這邊的人，天氣冷不冷用鼻毛就可以判斷。如果覺得鼻毛開始凍了，那天的溫度大概可以到負15度。」新野先生跟我說著。

我動一動鼻子，感覺鼻子裡像是被黏住一樣。應該是鼻子裡的水氣，遇到外面的冷空氣被凍住了。

「這兩年大概有兩次氣溫曾經降到負31度左右。在南富良野，只要氣溫低於負20度，就可以感覺到空氣感是很不一樣的。適應了這種冷冽的溫度，當初春的氣溫上升到負5度時，大家出門的招呼語就會變成：『今天很溫暖耶！』」新野先生笑著說。

一到了南富良野，才一下車

就馬上體驗了從來沒有過的負20度氣溫。除了鼻毛結凍之外，還遇上了鑽石星塵。

走出どんころ野外学校，眼前就被一整片的白雪覆蓋，雪深不見底，必須要穿上雪鞋才能在雪地上行走。只不過，這裡的雪上健行和其他地方最不同的是，不用再搭車到森林的入口，因為どんころ野外学校就位於森林的體驗路線上，跟大自然融為一體。也因此，南富良野成為了戶外導遊最喜歡並移住的小鎮，說這裡是日本導遊人口最密集的小鎮也不為過。

只要穿上雪鞋，就可以自由地在雪地上漫步。但因為是鬆軟粉雪的關係，因此會需要比平常再跨出大一點的步伐，而且稍微用點力氣，但整體來說並不困難，也不會走得氣喘吁吁，因為雪鞋上有金屬爪子，比起釘鞋，走起路來也更輕鬆。

踏進森林後，眼前出現的景象是普通日常無法看見的北國大自然風景。這一片被粉雪覆蓋的白色森林，夏天因為被藤蔓覆蓋住因此無法進入，冬天穿上雪鞋，踩著粉雪，才能慢慢地往上走。

多虧有新野先生一路上和我們解釋著關於南富良野的大自然、森林、動植物各種知識，我和老公才不會走馬看花，錯過各種精彩的動物、植物認識途徑。雪原上有許多動物留下的足跡，令人歎為觀止。因為野生動物的警覺性非常高，通常雪地上只會見到牠們的足跡而不見蹤影。根據足跡大小還有步伐距離，新野先生馬上拿出圖片跟我們解釋。

他指著地上蝦夷兔的足跡說明著：「蝦夷兔冬天的毛色會換成白色，這幾年數量尤其減少許多；加上蝦夷兔的天敵北狐每年不斷地增加，現在幾乎很少可以看到蝦夷兔了呢！」

在冰點20度以下的嚴寒中，連樹木也凍裂了。而急凍的水蒸氣就附著在樹枝上，形成了霧冰，這也是只有在寒冷的早上才看得到的美景。整片原始森林裡所呼吸到的乾冷新鮮空氣，是在札幌市區絕對無法體驗的。

我們繼續在下過雪的森林走著，尋找雪地帶來的感動。即使知道這足足有一百公分左右的深雪，只要一脫掉雪鞋就可能會深陷其中爬都爬不起來，有點膽戰心驚地走著，但還好有經驗豐富的新野先生當嚮導，幫我們在前方開路，令人安心不少。

隨著陽光照射，雪地閃爍著點點光芒，這是雪地裡的冰晶反射陽光，大自然所營造出來的美麗意境。這一趟森林旅程，就像是心和森林在對話般，隨著一步步前進，冰封的山岳和被粉雪覆蓋的森林，都讓心越來越清晰寧靜。

這真的是非常難得的體驗，能夠穿上雪鞋走在原始森林裡，親見每棵大樹染上了白雪，欣賞夏天無法窺見的景色。尤其最特別的是，南富良野屬於內陸地區，從海邊來的溼度相對較少，加上內陸地區氣溫容易變

得非常低，氣候非常乾燥寒冷，導致南富良野的雪沒有水氣，幾乎沒有辦法捏成雪球，因此，在南富良野的街道上，更是幾乎不見雪人堆在自家門前。

這裡的雪大部分都是粉雪，針葉林上也很難看到積雪。隨手抓起地上的雪，白雪就會碎成粉末狀，那種無法捏成雪球的觸感，到現在都很難忘記。

南富良野的雪除了非常粉、非常細，雪量也非常多。往帶廣方向過去，雖然雪會變少一些，但是氣溫也會再更低。因此南富良野的學校從國小開始就有滑雪課程，往帶廣或是釧路地區延伸過去則是滑冰課程。東冰西雪的天氣型態，也孕育出北海道不一樣的國小體育課程。假如問北海道民體育課是學滑冰還是滑雪，大概就可以猜出他們是哪個區域出身的，也算是一個非常有趣的現象。

「這個咬痕就是被蝦夷鹿給咬的；另外還有這棵樹，這裡是被熊抓過的痕跡。」新野先生指著樹木上的各種痕跡，對我們說明著。這附近的熊非常聰明，知道該如何和人類和平共處，因此盡量不會在山腳下出沒。南富良野最近一次熊攻擊人類的紀錄，已經是快50、60年前的事了。

新野先生隨手撥了白樺樹皮，用打火機點燃，樹皮冒出了黑色的煙。油脂非常多的白樺樹皮，是北海道獵人進山裡工作，在山中小屋休息的時候，用來點火取暖的素材。而白樺樹也可以用來做成非常堅固的杯子等等。

在北海道常常可以聽到「蝦夷松（エゾマツ）」和「椴松（トドマツ）」這兩種針葉樹林，但很多人都會將其混淆，無法認出正確

的樹種。走到較平坦的地方，新野先生開始跟我們說明這兩種樹的分別。例如蝦夷松的葉子前端摸到會刺痛，樹幹則是呈現不規則的黑褐色鱗片狀，樹枝外觀向下垂；椴松樹幹比較平滑，顏色是灰白色，樹枝呈水平向上生長。這下總算讓我釐清這兩種針葉林的不同之處了。

被北風吹落的ツルアジサイ蔓紫陽花，攀附在樹木上。掉落下的種子，經由風的吹拂，會在初春時順著所依附的樹木繼續發芽。像是飛蛾形狀的野生菇，就這樣攀附在樹幹上，吸取樹幹的營養，也讓樹幹因此生長得有點緩慢。這些有趣的大自然故事，透過新野先生的介紹說明，變得更讓人投入其中，和大自然產生共鳴。

中途，我們在旁邊的雪堆席地而坐，新野先生拿出預先幫我們準備的矽膠墊，鋪設成雪地專屬的特別席。除了幫我們泡咖啡之外，還準備了麵包、巧克力、果乾等等，讓我們補充一下身體所需能量。

「目前南富良野的人口大約有二千六百人左右；27年前移住到南富良野時，人口有三千多人。這幾年喜歡戶外運動的人漸漸移住到這裡，人口也在慢慢增加中。」

新野先生表示，他剛來南富良野時，也對沒辦法捏成雪人的粉雪感到新奇，而且驚豔氣溫原來可以到這麼低，後來才漸漸慢慢的習慣。雖然這裡每天的景色幾乎都一樣，但卻還是可以從中發現大自然豐富的細節變化，例如慢慢變粗的樹幹、樹葉發芽的顏色等等。也因此，有越來越多喜歡戶外活動，志同道合的朋友往這裡移住。

新野先生希望永遠可以保持初心，帶著客人一起用新的視角去感受南富良野的美好。倘若把所有的事情都當作理所當然，在接待客

人走行程的時候，就會變得像是機器人一般，無法用熱情來感動別人，也無法讓客人體驗到這裡的好。能夠跟著客人在每一次的體驗中現新事物，不但客人會想要一來再來，自己也會覺得收穫良多，這更是從事戶外導遊這份工作最大的樂趣所在，就像引導大家更喜歡戶外活動的橋樑一般。

和新野先生聊著移住南富良野後的種種，這時候杯子裡剩下一點咖啡，杯緣旁邊也結冰了，我們準備回程。

在南富良野生活的好處就是一走出門就有山、有河川，有森林、有原野，即使每天出門也不會讓人覺得膩。早上起來推開大門迎來鑽石星塵，傍晚買東西回程有讓人屏息的夕陽，晚上邊泡湯邊看著滿天星斗而忘卻了時間。每當回神時，發現自己無時無刻都在和大自然接觸，完全零距離，這只有在南富良野，才可以體會。

北海道アドベンチャーツアーズ狗拉雪橇

北海道アドベンチャーツアーズ 狗拉雪橇
0167 - 39 - 7810
空知郡南富良野町北落合 308 - 6
預約：北海道体験 .com
h-takarajima.com

「如果要在北海道體驗狗拉雪橇，一定要到南富良野的hat!，體驗後，絕對會顛覆對狗拉雪橇的刻板印象。」一年前和北海道友人川田小姐聊天時，不經意得到這樣的訊息。

川田小姐是在負責網羅北海道觀光體驗等訊息的「北海道体験.com」公司上班，對於北海道的觀光體驗行程瞭若指掌。因此，每當我有許多關於北海道體驗的行程，都會詢問川田小姐，而她推薦給我的體

驗行程，也總讓人心動、眼睛發亮。

年初透過北海道体験.com網站預約，寄了高階狗拉雪橇體驗課程預約郵件。

「對自己的體力有信心嗎？」南富良野hat!的寺田先生回信問我。

想了一下，我也曾經在十勝平原體驗過狗拉雪橇，有需要什麼體力嗎？我帶著這樣的疑問，和老公來到了南富良野的hat!。

南富良野的環境非常適合狗拉雪橇。初秋左右就開始下初雪，春天才會融雪，地形夠高，更有起伏的林道，因此有好幾間狗拉雪橇都是開設在南富良野一帶。

我們的車子還沒有停下來，遠遠就可以聽見好多隻狗狗的狂吠聲。寺田先生站在木屋前迎接著我們。

「原本還以為是哈士奇狗狗會拉著我們跑呢！」老公摸了摸狗狗們，想要先對牠們釋出善意。

「哈士奇的腿比較短，跑得比較慢，跑沒多久就會氣喘吁吁在一旁休息了，雪橇也跟不上速度。這個問題我10幾年前就發現了，因此現在大多是採用混種狗比較多。」**hat!** 狗拉雪橇的主人寺田先生，邊抽著菸邊跟我們說著。初次見面的寺田先生，給人一種不修邊幅的豪邁印象，長相就和想像中的狗拉雪橇主人，幾乎是一模一樣。

我們進到了小木屋，這裡算是寺田先生家中的客廳。好多隻狗狗窩在客廳裡，看得出來這些狗狗也和寺田先生一起生活。狗拉雪橇由寺田先生一家人經營。

「像這樣晴空萬里的好天氣其實非常少！現在大約是負10度左右，拉雪橇對於狗狗來說，今天真的是太熱了。」寺田先生在白板上寫著注意事項，以及狗拉雪橇的概念圖，邊看著窗外的天氣說著。

「狗拉雪橇這個運動一定會翻車。在一定會翻車的前提下，我希望大家聽好接下來的說明，如果運氣不好翻車會受傷，這可能性我不敢保證是零。」

「今天預計跑七公里，有九隻狗狗會上場。如果用駕駛汽車比喻，站在後面的就是負責開車、負責煞車的人；如果有上坡路的話，要幫忙用腳推。蹲在前面的人也不光只是蹲著，如果蹲在前面什麼都不做的話，說真的比行李還要占空間。因為人的重心比較高，後面站著的人即使非常賣力的掌控著，前面的人該轉彎時若沒有身體傾斜，那還是會翻車的。因此坐在雪橇上的兩個人齊心協力管理狗狗，就變成了非常重要的任務，而且狗狗們會突然亂跑到山上也是有可能的，因此要隨時隨地保持警戒心。」

就像作戰前的行前說明，寺田先生非常認真的說著。

「在中間的狗狗通常都是跑得比較快的，有時候牠們會跑過前面的狗，這時候就要稍微踩剎車，期間要不停地幫狗狗們信心喊話，這些對狗狗來說都是最大的鼓舞。等等會把今天跑步的狗狗名字貼在外套上，讓你們可以叫出狗狗的名字。」在開始穿著裝備前，就開始了將近30分鐘的講習，由此可知寺田先生對於狗狗的休養日和出勤次數分配有多謹慎，甚至每次負責當領頭的狗狗也是輪班替換。

「不要把牠們當成狗狗，把牠們當作幼稚園的小朋友就是了。」寺田先生說著。

我的腦海裡浮現了好幾個蠟筆小新拉著雪橇的畫面，負責在後面管理的老師，就是我和我老公。這個工作聽起來相當重要，要好好的看著狗狗還有路線，不是只有坐在雪橇上而已。在各種上下坡路段調整平衡、踩煞車，還要幫狗狗加油打氣；在雪橇行駛當中操作

狗繩，對狗狗們發出開始、停止等等指令，全部都由我和老公來主導，而不是寺田先生，這樣的模式，才是最正統的狗拉雪橇體驗行程。

即使快要跌倒，也不能雙手放開拉繩，一定要緊緊拉住，否則雪橇狗狗會繼續向前狂奔，在沒有人操作雪橇的情況下，狗狗很容易受傷。另外，搭乘雪橇狗狗以及在跌倒時，也要記得不能放聲尖叫，因為尖叫聲會造成狗狗的驚慌，下場一樣是往前暴衝，人跟狗狗容易因此而受傷。

因為報名的是高階課程，為了讓我們先熟悉操作，寺田先生先駕駛雪上摩托車拉著雪橇載我們繞行一圈。回到基地後，讓我們把束帶以及狗繩繫在狗狗身上，並對著狗狗說：「接下來就麻煩你們出任務囉！」我摸摸狗狗們的頭，一起幫忙加油打氣。就像寺田先生說的，體驗不是只有搭乘雪橇而已，而是從和狗狗建立良好的關係開始。

出發之後，九隻狗狗拉雪橇的瞬間拉力，馬上讓我清醒，狗狗們奔跑的速度真的好快！寺田先生騎著雪上摩托車在一旁隨行待命，九隻狗狗踢著雪地上的雪，還有雪橇的速度，讓白雪不停往我臉上飛過來，有時甚至還會模糊了眼前視線。一個上坡後突然來到最頂點，腦袋還來不及反應，就在下一秒，雪橇高飛離地

20公分後，往下坡衝去。此時幾乎快要失速，沒想到又來一個轉彎，雪橇就這樣撞上一旁的樹幹。倒在雪堆上後，一旁傳來寺田先生的吼怒聲：「你們在幹嘛啊！怎麼會在那個地方跌到呢！趕快給我站起來，狗狗們快要跑走了！」

「是！知道了！」回應了寺田先生後，才心想怎麼好像有點不對勁……？一般情況下，業者不是都會先關心客人有沒有受傷之類的嗎？但根本沒時間多想，把雪橇從雪堆中拉起扶正後，一下指令，狗狗們又開始往前奔跑。

我們穿越了大平原、林道，還有高低起伏的丘陵地，狗狗們就像是用最短的時間，帶我們認識了南富良野。一旁的雪景非常美麗，但我們只能用眼睛的餘光稍微掃過，因為眼睛的焦點必須完全放在狗狗和接下來的彎道控制上，這和以前體驗的狗拉雪橇帶旅客欣賞風光完全不同。

內心正想著體驗感想時，接下來的一個轉彎處，因為分心導致身體傾斜度不夠，雪橇又再度翻車，一頭栽進雪裡。寺田先生的怒罵聲再度傳來：「沒時間讓你在那邊重新調整帽子，狗狗要跑走了，快給我把雪橇拉回原位啊！」即使雪上摩托車的引擎很大聲，但還是可以聽到寺田先生因為心急我沒有抓到訣竅，讓狗狗不能好好往前衝刺的怒罵聲。

風和冰不停劃過，讓臉上幾乎沒了知覺。在南富良野的大平原上，狗狗們的喘息聲還有雪橇劃過雪地的聲音，那種種的情景，至今都叫人難忘。

有別於曾在北海道十勝體驗的狗拉雪橇，當時有導遊坐在雪橇後面操縱方向，狗狗在已經被規劃好的路線上奔跑，讓遊客單純體驗狗拉雪橇的樂趣。南富良野的狗拉雪橇對我來說，根本是挑戰自我的極限運動，而且是近乎高空彈跳的等級。沒有導遊操縱雪橇，完全得靠我和老公兩人同心協力合作，對狗狗發號施令，而狗狗們奔跑的路線，更是完全依照狗狗的意思，尊重狗狗的想法。有時，牠們也會中途停下來玩或者上廁所，駕雪橇者還要邊看狗狗的狀況，邊調節速度，才不會讓雪橇撞上狗狗。

在上坡的時候，也要助狗狗一臂之力，用腳踢推地面，幫助狗狗前進。除了控制速度之外，最重要的還有在轉彎或者速度過快的情況下不翻車。在搭乘狗拉雪橇途中，看到狗狗們奔馳在雪原上興奮愉悅的樣子，和狗狗一起感受開心，這才是真正的狗拉雪橇活動。也能更加體會出發前寺田先生說的這句話：「狗拉雪橇是人和狗狗一起同心協力完成的事情。」

寺田先生今年59歲，原本住在釧路，從事獨木舟工作，因為喜歡南富良野的空知川，在30歲時移住南富良野。當時剛好是日本正瘋迷哈士奇犬的時候，但當時日本並沒有可以體驗的地方，大家多是買狗訓練參加拉雪橇比賽，因此在30年前，狗拉雪橇就只能和賽事畫上等號。

釧路很少下雪，在那之前，完全沒想過狗拉雪橇這件事。搬到南富良野後，剛好從友人那邊領養了一隻小哈士奇幼犬，加上南富良野的雪量非常多，從那時候開始才萌生一定要玩狗拉雪橇的念頭。夏天擔任獨木舟的教練，一到冬天就閒置下來。為了安排閒暇生活，想在冬天讓人體驗狗拉雪橇的想法也越來越強烈，於是慢慢增加狗

狗的數量，到了五、六隻的時候就開始了狗拉雪橇這項事業。

寺田先生並非為了賺錢而投入狗拉雪橇的工作，只要飼料錢能夠打平就好。因此，那種強制狗狗跑好幾次同樣500公尺路線的體驗絕對不做，他認為這樣對狗狗來說是天大的折磨。研究過後，發現美國的狗拉雪橇都是露營形式，因此寺田先生也從兩天一夜、三天兩夜的狗拉雪橇露營開始做起，慢慢增加至四天、五天的雪橇體驗。

這裡的狗狗每天食量是一般的兩倍，有時候放到山裡散步時，還會自己捕獵山上的蝦夷鹿來吃，剩餘的肉，寺田先生再幫忙把鹿肉拖回來。比起日本其他地區的雪橇狗，這裡的狗狗算是少數過著快樂生活的雪橇犬。但要把狗狗調整在最佳狀態，卻也是寺田先生最難的課題。既不能讓狗狗每天跑，也不能讓牠們休息太多天，否則精力太過旺盛，客人跌倒後牠們還會繼續往前衝，導致客人抓不住雪橇而受傷發生事故。

這23年來，寺田先生夏天從事獨木舟工作，冬天則經營狗拉雪橇。一開始完全沒有賺半毛錢，這種情況維持了好幾年，直到近年才開始慢慢有點積蓄。不過，因為太喜歡狗狗了，所以狗拉雪橇越是賺錢，寺田先生的內心反而會很糾結痛苦，畢竟那不是他一開始出發的目的。

「狗拉雪橇對我來說，只是讓狗狗們打發時間的其中一項活動而已。簡單的帶出門散步、到溪邊玩、接飛盤甚至是拉雪橇，對牠們來說都只是遊戲當中的一項而已。我在意的是狗狗們有沒有隨心所欲跑得開心，如果會讓狗狗不開心，對我來說那就不是狗拉雪橇了。」

從不刻意教養狗狗或訓練指令，只希望狗狗在大雪中快樂奔跑。從寺田先生身上，我們看見了他對狗狗們的真情與熱愛，也讓人從中感受到另一種愛的方式——狗拉雪橇，一種人與狗狗一起開心奔馳的快樂體驗。

café de La Paix

café de La Paix
0166 - 92 - 3489
北海道上川郡美瑛町美沢希望 19 線
營業時間　10：00～18：00
公休日　星期四（遇日本國定假日照常營業）

微風吹來帶來一陣清香，那是森林的味道。走在小坡上，眼前出現了一幢小木屋，就像是蓋在樹上一般。踩上階梯，鬱金香、玫瑰花把露臺點綴得多姿多彩，幾張木頭桌鋪著歐風桌巾，從樹葉間灑落的陽光，讓樹葉光影在桌面上跳著舞。看得正入神，一隻松鼠快速穿越林間。這裡是「café de La Paix」餐廳。

「歡迎光臨！」是大友媽媽親切的招呼聲。

緩緩推開木門，這是我第三次來這裡用午餐。

「我還記得你唷，你是那個去年也來過的台灣人對吧！」

在用餐前的11點鐘到達，我選了廚房旁的餐桌，讓老公帶著小孩到外面的露臺尋找剛剛那隻跑走的松鼠，我則和大友媽媽聊天。

「我們這附近什麼都沒有，來這裡吃飯的客人，都是專程因為餐廳來的！我得要好好的跟特別來這裡用餐的客人說聲感謝才行。」

大友媽媽結婚後，因為老公工作的關係，在法國定居了好一陣子。回到日本後，在東京的各大飯店擔任花卉設計和婚顧。之後把貨車改裝成露營車，到了嚮往的北海道旅遊，懷抱著「希望有一天可以住在山裡」的夢想，最後和美瑛這塊土地相遇。

這裡和當初在法國生活的風景很相似，於是買下了幾乎是一座小山丘的三千三百坪土地，從除草、伐木等等，全部都出自夫妻倆的手，再把砍伐下來的木頭建成小木屋。

「三千多坪對美瑛的人來說根本是小意思，這裡的人擁有的土地可是三萬多坪呢！」大友媽媽看到我驚訝的表情，笑著跟我解釋。

人煙稀少的山林裡，附近幾乎沒有住家，只有一望無際的農田和大自然環境。要在這裡生活，就得思考自己能做什麼事情。大友媽媽想要用自己蒐集的法國餐盤來盛裝美味餐點，用新鮮花朵來製作花藝，讓餐廳時時刻刻被鮮花包圍著。有了這樣的想法，「café de La Paix」餐廳於是在13年前誕生。

「這裡的電線和自來水管線都是從地底下牽設，從外頭看不到任何電線杆和電線，法國也是這樣子，即使是很漂亮的抹布想要晾在外面一下都是不行的，為的就是要維護自然景觀。」

在屬於自己的山林，用自己的樹木建造出屬於自己的小木屋。比起工作，該如何好好享受人生對大友媽媽來說更為重要。

「接下來要進入夏天了，玫瑰花也會盛開，我真的好喜歡玫瑰花。」大友媽媽整理著旁邊的鮮花，移動了位置目測著，又再重新整理一次。即使沒有客人，她還是會認真地把鮮花以最好看的姿態，插在花瓶裡，再擺放在桌上。

因為老公長年在法國工作的關係，自己也非常喜歡法國風格，店內布置自然也是簡單的法國風。就連碗盤、杯組、花瓶還有蕾絲吊燈，都是遠從法國帶回來的。

此時，我們點的歐式料理也上桌了，是歐洲家庭常見的家庭料理「Raclette」。

這是歐洲家庭在家裡開PARTY時都可以吃到的料理，尤其是天冷的時候，餐桌上也會有這道菜。擺盤看起來非常豐盛，招待客人一點也不會失禮。

除了起司是法國進口外，其他食材像是培根、香腸還有馬鈴薯等等，都是使用北海道美瑛產的在地食材。中間的小鐵盤是用來烤起司用的，上面的鐵盤則是用來烤食材，待食材烤熟後，再淋上熱呼呼柔軟的起司。

「這是一道只要食材好吃，味道就會好吃的家庭料理。開店當時，就覺得美瑛的食材都很棒，不需要太多調味，就能吃到鮮甜風味，最適合拿來當作 Raclette 的食材，因此才有了這道菜單。現在它可是店內最人氣的料理呢！」

雖然是歐洲瑞士的家庭料理，卻吃得到美瑛的好味道。

由於是自己親手打造的木屋，因此窗戶刻意做成一整面透明，讓客人坐下來用餐的視線，可以盡覽整片樹林綠意，像是置身大自然裡用餐一般。

短暫的用餐時光，讓人忘記身處日本，好像到了遠方旅行一樣。相輔相成之下，也讓料理顯得更加美味。此時此刻，美瑛的自然美景，已經深深烙印心裡。

自家焙煎珈琲 北工房

自家焙煎珈琲　北工房
0166－92－1447
北海道美瑛町栄町3－5－31
營業時間　10：00～18：00
公休日　星期三

「那等等我們就約在北工房咖啡廳，你問問看美瑛當地人就知道地點，我已經跟那邊的老闆打過招呼了，我們就在那邊喝咖啡邊聊天吧。」電話那頭ケント白石先生這樣跟我說著。

打開咖啡店的門，笑容溫暖的老闆站在門口迎接我。

「您好，我是台灣人，是白石先生請我過來這邊的。」

「我剛剛有接到他的電話了，快進來吧！」石村先生說著。

白石先生還沒有來，石村先生熱情地把我介紹給來這邊喝咖啡的客人認識，幫我泡了杯店內招牌「丘のかおり」。不到一小時，我和石村先生、店內客人就像是老朋友般聊開了。

「在這間店裡和大家相處起來好舒服啊！」我打從心裡由衷這樣感覺。

「在美瑛，當地人開店的情況非常少，在這裡出生長大的人，大部分是從事農業比較多。來北工房的人也幾乎不是美瑛在地人，而是喜歡美瑛，想要移住這裡，因而聚集在北工房的人。」石村先生邊挑著咖啡豆，邊和我說著。

「對美瑛當地人來說，坐在這間店裡還會不舒服呢！」原本坐在一旁，從關西移住過來的阿姨緊接著笑著說道。

「美瑛人幾乎沒有到店裡喝咖啡的習慣，頂多就是買咖啡豆回家自己沖泡。」

站在吧檯裡的石村先生，在國中的時候對咖啡產生了興趣。去朋友家裡玩的時候，看見比自己大3歲的好友哥哥在磨咖啡豆、沖泡咖啡，石村先生喝了之後發現味道和自己所知道的即溶咖啡完全不一樣，對15

COFFEE & SIGN BOARD
KITA KOUBOH

歲的他帶來非常大的衝擊。在那之前，他只知道即溶咖啡，因此，從那時開始，他就用自己的零錢買咖啡豆和咖啡道具，培養手沖咖啡的興趣。

北海道出生的石村先生，當時覺得人生還是想要呼吸看看東京的空氣，於是，前往東京念4年大學。畢業後，第一份工作回來北海道札幌，從事機器設計開發。

石村先生的父親是在美瑛做農具的公司，在結束了札幌的大型專案之後，石村先生也回到了美瑛幫父親的忙。

在東京和札幌時，石村先生會特地找間舒適、咖啡又好喝的地方。回到美瑛後，發現這裡好喝的咖啡廳剛好結束營業了，在當時的昭和時代，不像現在可以便利地從網路買到咖啡豆，在超市買到的咖啡豆也不曉得是什麼時候焙煎的；特別去買咖啡豆，卻只有這樣的品質，難免會有些失落。

「與其這樣，倒不如自己來好了！」既然喝不到自己想喝的咖啡，那就自己焙煎吧！基於如此單純的理由，石村先生開了自家焙煎咖啡廳，提供給客人和自己一杯喝得安心的咖啡。

「美瑛猶如美麗拼布的景色，是這些農家所打造出來的，因此，付點錢給生產出適合咖啡的大豆農家，直接回饋給農家人，是我覺得最應該做的事情，也是我對農家的另一種尊重，更是對創造出美瑛田園景色的農家，一點點微薄的感謝。」

在人口只有一萬一千人的農村地區美瑛町，農家原本從事的農業活動，造就了「農業景觀」，之後更變成了「風景」，以「丘のまち、

びえい（丘陵的小鎮．美瑛）」吸引了無數觀光客。

然而，因為許多農家休耕的關係，美瑛這些風景正逐漸消失中。為了想幫助美瑛的農家們，因此石村先生請美瑛農家幫忙種適合咖啡的美瑛產有機大豆，再用自己的專業製作出「丘のかおり」，味道溫柔又圓滑，是一杯非常順口的咖啡。這也是北工房招牌咖啡「丘のかおり」背後的故事。

「很多人都不喜歡喝太酸、太苦的咖啡。但這些太酸太苦的咖啡，其實是因為咖啡豆裡面有一些劣質的咖啡豆或異物引起的原因。酸味跟咖啡深煎或淺煎也有關係，但正確來說，並沒有酸的咖啡，好咖啡是沒有酸味的，不好的咖啡豆才會讓咖啡變酸。另外，咖啡豆的等級有非常多，就像金字塔一樣，最好的咖啡豆是很少的。咖啡豆其實就是樹木的果實，更簡單來說有點像是水果，好品質的水果熟了之後，可以吃到水果的甜味和果酸味，而咖啡豆也一樣，變紅、成熟之後，也會帶有一點水果味道的酸味。」

石村先生特別在意咖啡酸這件事情，因此在檢查咖啡豆時，會特地把一些劣質的咖啡豆和一些異物挑起，讓咖啡的酸降到最低。

「咖啡就像是農作物，和蔬菜一樣，鮮度是最重要的。只要咖啡豆新鮮，沖泡出來的香氣和味道也會很棒，甚至對身體健康還有幫助呢！咖啡豆最早曾被當成中藥來喝，中藥煎煮的方式和咖啡沖泡的方式幾乎一樣；很多人會說咖啡對胃不好，那是因為喝到不好的咖啡緣故，新鮮的咖啡其實對身體是有助益的。」

北工房的咖啡豆，都是石村先生在一個禮拜內焙煎的咖啡。為了維持咖啡豆的鮮度，也只販售一個月的咖啡豆量。

北海道的乾燥空氣很適合咖啡焙煎，而美瑛的氣候、緯度又和歐洲有點相似，因此北海道現在也很流行喝咖啡。而在歐洲，咖啡有另一個稱號叫做「不會醉的酒」，喝完之後，血液循環變好，心情也會較為放鬆，人和人之間的交流對話變多，因此，北工房咖啡廳一樓也以吧檯的形式來經營。

北工房的空間讓人和人相遇，再從中延伸出更多對話和情誼。在這裡，不只是沖泡一杯咖啡和喝一杯咖啡就結束關係。這些來店裡喝咖啡的朋友，不僅為一杯咖啡而來，更多的是在這裡享受著一種人與人對話的溫暖。

我想，這也是白石先生把採訪場所約定在北工房的原因。而我在這裡，還遇到了另外一位夜拍美瑛景緻的攝影家 Nao Akimoto。

人和人的相遇，就像是一趟旅行。離開了「自家焙煎珈琲　北工房」，我開始想著，什麼時候能再來找石村先生，聽他說著美瑛小鎮的故事，還有那「丘のかおり」的咖啡香味。

coffee
CAFFE
Nikon
le café

ケント白石　写真家の宿　てふてふ

如果說，寫真家前田真三是把美瑛的美，介紹給全日本的人，那麼，寫真家ケント白石就是把美瑛推向全世界舞台的重要推手。

開始籌備這本書的時候，除了札幌和小樽，也希望能將富良野和美瑛的冬天景緻寫進書裡。大家對於富良野和美瑛的印象，或許是一整片的夏季薰衣草田，但是我第一次造訪美瑛是2010年的冬天，靜謐

ケント白石　写真家の宿　てふてふ
0166 - 92 - 5137
北海道美瑛町美沢双葉
進房時間　16：00
退房時間　10：00

的白雪景緻，至今依然烙印在腦海裡，記憶鮮明。

窗外沿途風景是和鐵道平行的國道２３７。白雪覆蓋在起伏的丘陵上，和夏天的拼布花田相比，我更喜歡這種寧靜的美瑛。12月的年末，幾乎所有的商店都休息了，我正前往北工房，和這次來訪美瑛最重要的人見面，ケント白石先生。

ケント白石先生從經營美瑛民宿的主人，一夕間變成把美瑛青池推向全世界的知名寫真家。這張美瑛初雪的照片躍上了世界舞台，讓「青池藍」一夕成名，被公認為調色盤無法調出來的絕美顏色，也讓這裡成為了北海道的祕境。

一直想問問ケント白石先生是在什麼的情況下，才拍出這樣令人屏息的照片，把美瑛青池變成北海道的祕境，從不曾

出現在雜誌上，現在是美瑛旅遊必去景點之一，今天終於有這樣的機會。

和ケント白石先生在北工房的咖啡廳聊到傍晚，再回到他所經營的民宿。從JR美瑛車站往十勝岳山麓方向開去，大約需要20分鐘車程。沿路都是雪白的風景，車子突然轉往山上小徑的時候，眼前出現的是「ケント白石　写真家の宿　てふてふ」。

札幌出身的ケント白石先生，國中時期就是攝影社的社長。第一份工作是雜誌社編輯，在當時還是底片機的年代，和總編輯因為照片理念不同大吵一架後，就幾乎沒有再碰相機了。當然，也換了工作。

「如果沒有遇上前田真三先生的話，我不會到美瑛的。」

ケント白石先生會移住到美瑛小鎮的契機是前田真三先生，他用底片相機所拍下的美瑛，在全日本造成了轟動。

「20幾歲的時候，前田真三先生在東京有個展覽會，我也去看了，沒想到能遇見前田真三本人。前田真三先生是東京人，當時他對我說：『你是札幌人，怎麼會不知道美瑛呢？有空來美瑛玩玩吧！』後來我真的去了美瑛，也去了美瑛的前田真三寫真紀念館。那時候紀念館還成立不到1年，沒想到前田先生剛好又在現場，因此我們開始有了更多的對話。」

慢慢的，ケント白石先生每年都會前往美瑛，每去一次喜歡就多一點。相較於地狹人稠的東京，ケント白石先生更喜歡將音樂開得很大聲，在寬敞家中看電影、喜歡露營的生活，最後更因此決定移住美瑛。

2001年移住美瑛時，ケント白石先生將經營民宿當成收入來源的規劃。但寫真家這個職業，在當時是連想都不曾想過的。因為前田真三先生對他來說是非常偉大的存在，因此，在尊敬的前田真三先生面前，ケント白石先生完全不曾動念當寫真家。

「真的想變成寫真家，是移住美瑛居住一段時間之後的事情了。」決定在美瑛蓋民宿的3年前，前田真三先生去世了。剛好那個時候，相機從底片機走向數位相機時代。ケント白石先生思考著，有別於用底片拍攝的前田真三先生，如果自己用數位相機拍的話，說不定會是換自己登場的時候，因為底片相機沒有辦法調顏色，但數位相機卻可以做到，更能表現自我。

ケント白石先生也想要拍前田真三先生沒有拍過的地方，但美瑛前田真三先生幾乎都拍過了，只有一個地方還沒有入鏡，那是就離民宿車程10分鐘左右的青池。某次ケント白石先生在北工房咖啡廳翻到前田真三先生逝世後所出版的一本寫真集，發現16年前剛移住美瑛時，住家附近的池子觀光旅遊書都沒有介紹，前田真三先生也沒有拍攝過，因此，ケント白石先生開始有了想重拾攝影的念頭。

已經好幾年沒碰相機的ケント白石先生，再度拿起相機時，發現相機的性能早已超越了自己的想像。他購入了一台要價三十萬日元的數位相機，在當時，日本能這樣馬上買下昂貴相機的人很少見，因此更覺得自己有機會搶先別人一步，站上世界舞台。

「相機到手之後，與其說想變成寫真家，倒不如說我想要站上世界的舞台。因為知道接下來是網路時代，加上相機性能又強，可以將腦海中的畫面拍下，立刻上傳照片讓全世界看見。」

有這樣的想法，是搬來美瑛的隔年。當時日本的寫真家還在觀望真的需要數位相機嗎？因為在那時代，底片相機其實還是全盛時期，但ケント白石先生已決定轉型。

卻沒想到，因為民宿位在山上，網路發展得非常慢，等到有網路用的時候，已經是搬來美瑛10年後的２０１１年。

「在沒有網路的這10年中，我反而因此學習了很多事情，包括決定了自己想要的顏色。」

前田真三先生44歲才辭掉工作，開始當起寫真家。因為網路比想像中慢了10年到來，當時已經50幾歲的ケント白石先生認為，自己就算是日本以最長年紀變成寫真家的人也無所謂，這樣說不定還能鼓舞其他人勇敢追求夢想。

對任何事情總是樂觀以對的ケント白石先生笑說：「再過幾年我就60歲了，像我這樣染著綠色頭髮，還帶著紅框眼鏡、全身聖誕節裝扮的人，在日本很少見，但這樣不是也不錯嗎？」

ケント白石先生認為不論是倫敦或紐約，街上到處都是這樣的人，不應該被觀念框架限制住。因此，他也不想被年紀限制，想要去做任何可以嘗試的事情。

「拍攝青池的理由我知道了，但是為什麼會想拍初雪的青池呢？」我問著。

「我花了很長一段時間研究，這世界上有名的照片到底是什麼？美瑛的丘陵風景的確很漂亮，不只是前田真三先生，很多寫真家也拍過。那麼，大家還會想看什麼照片呢？那時候突然就想到青池的

初雪。」

青池如果沒有下雪，大部分的人或許會覺得這不是日本，因為很多地方都有青池這樣的景色，唯一不同的是，其他地方不會下雪。因此，ケント白石先生想要拍攝下雪的青池，讓全世界看見。

「如果下雪的話，不是會看得比較不清楚嗎？」我問著。

「青池有著神祕的藍，白樺樹倒映在水面上，再加上一點點雪景，全世界就只有在美瑛的青池才能看見的景色，這是我決定要把美瑛下起初雪的照片放到網路上的原因。」

２０１１年６月民宿網路終於開通，但民宿那時候正值旺季，每天都有很多客人上門，一直到10月之後才有時間處理照片的事情。

500px是個加拿大攝影交流平台網站，２０１０年開始開放給日本人投稿發表作品。２０１１年10月，ケント白石先生第一次在500px平台上投稿正下著初雪的青池照片。那時候只是想看看大家的反應如何，沒想到一個小時左右，就成了全部照片分類的第一名，這紀錄到現在還沒有其他日本人能打破。當月份，更成為該網站點閱率最高的照片。

「那時候我投稿的帳號沒有其他任何照片，也沒有追蹤其他人或被任何人追蹤，那時候一心一意想著的，就是一定要站在世界的舞台上。」

這一張照片給了ケント白石先生很多勇氣。陸續有義大利和美國攝影師寫信來說：「National Geographic旅行攝影比賽正在舉辦徵選，把這張照片提交出去吧！」11月截稿日前，ケント白石先生把照片交出去，同年12月獲得入選，成為第一位作品入選的日本人。

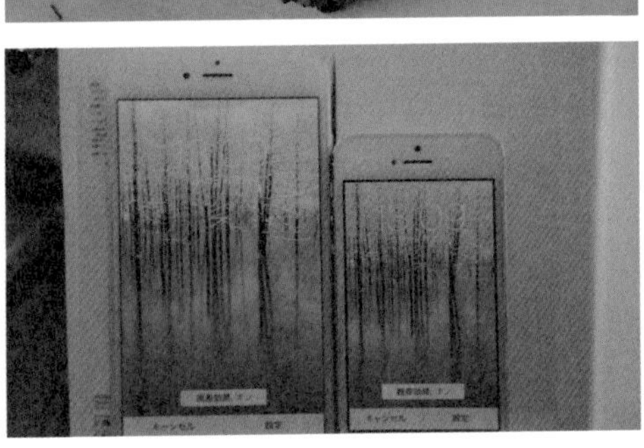

隔年，蘋果美國總公司寄了封信給ケント白石先生。

「在一年一度的6月WWDC發表會上，想要使用您的照片作為我們硬體新產品MacBook Pro Retina的內建開機桌面。Retina的意思是人類透過視網膜可以看見非常細膩的影像，這是目前為止，我們所研發的產品中最美的螢幕，要表現出最美螢幕的照片，就是您所拍攝的照片。」

把青池魅力讓全世界知道，並且被蘋果公司設為MacBook Pro Retina的內建開機桌面；這是官方預設的十五張桌布之一，更是OSX系列的內建桌布其中一款選項。對蘋果公司來說，這是非常有歷史性的產品，對ケント白石先生來說，也是非常有紀念性的一刻。

「在沒有網路的10年，沒辦法一開始就站上世界舞台，反而是件好事。要到達結果的終點，必須要經過很多階段，重點是有沒有一步一步踩穩腳步。在這期間，我鑽研了更多知識學習，如果沒有這個過程，就不會有今天的我。蘋果公司採用我的照片對我來說只是結果，這固然需要運氣，但更重要的是在運氣來臨之前，自己有沒有付出努力、有沒有準備好。機會是很公平的，如果沒有準備好，當然就會失敗。」

青池一般給人的印象就是青色，當ケント白石先生心裡早已決定要向全世界發送青池的照片之後，下個想要捕捉的就是翡翠綠的顏色。青池並非是大自然力量形成的天然池，而是人工池，火山噴發後為了不讓災情慘重，在上游做了水庫，剛好有河流的水流形成了青池。隨著天氣還有光線變化，青池會變換美麗的顏色，有紅葉的時候，又呈現出另一種意境與景象。

只是，青池再美，觀光客冬天不來美瑛，也讓町長非常煩惱。

「能不能在冬天晚上加上燈光秀？如果可以的話，就由我來當總監吧！」

2014年12月19日，是美瑛燈光秀的第一天。將所有燈光打在夜晚青池的重責大任，都交由ケント白石先生來處理。全世界的人都已經知道下初雪的青池，接下來，就是燈光秀的青池了。

燈光秀一輪大概是10分鐘，晴天的夜晚可以拍攝到星空；如果下著雪，也會有很多拍攝的好時機，甚至有機會拍攝到在現場巡場的ケント白石先生。

由國家地理推出的夜景專題攝影集《National Geographic Night Vision》，裡面就刊登著ケント白石先生所攝影的青池燈光秀照片。

「這本書在全世界的圖書館和大學都借得到，台灣也可以買到繁體中文版。對寫真攝影師來說是非常重要的一本書；作品如果沒有登上這本寫真集的話，也稱不上是一流的寫真家。」

「剛來美瑛時和現在有什麼不一樣嗎？」我問著。

「好幾10年前，在前田真三先生的加持下，觀光客從以前就很多。和現在最不一樣的是丘陵上又蓋了很多咖啡廳；再回頭看看前田真三先生的作品，同樣的地點，已經拍不出同樣的照片了。風景的確改變了很多，先不論這是好事還是壞事，但這是事實。農家休耕的也很多，總覺得在以前風景很美的時候，拍出來的感動瞬間還是比較多。」

「美瑛離旭川機場很近，夏天的話只要30分鐘車程，想去紐約或

者東京馬上就可以到達，如果習慣了這樣的生活就沒有辦法再回到東京了。晚上邊和客人喝酒，邊欣賞窗外雪景，在木屋裡聽著音樂，完全不用擔心會造成鄰居的噪音，因為光是拿個東西到隔壁，就必須要開車過去。」窗外下起片片大雪，我在民宿吧檯前聽著ケント白石先生的人生境遇。

美瑛不像其他城鎮有滑雪場或是高爾夫球場，當然不是說這些設施不好，如果需要的話建造也無話可說，因為美瑛本來就不是天然形成自然景觀的小鎮。說得更直白點，美瑛的農田景緻和青池都是人工建造的，因此，要如何在開發跟大自然之間共存，便成了在美瑛生活最重要的課題。

「剛搬來這裡的時候，從早上到中午，窗外總是可以看到閃閃發亮的鑽石星塵，雖然說這幾年可以看到的次數減少很多，但明天天氣條件不錯，應該還是有機會可以看到。」有了ケント白石先生的這句話，相信我今晚會有個好夢。

在一樓露天浴池想著今天和ケント白石先生的對話，久久不能自己。他的成功，是個讓人起雞皮疙瘩的故事。或許很多人會問為什麼他可以這麼幸運，但能走到這裡，絕對不是僥倖，而是經過一番準備和努力的。

人氣的溫野菜起司鍋，可以吃到沒有農藥的蔬菜，以及民宿主人的用心。一流的寫真家ケント白石先生，除了是寫真家之外，也是民宿的主人。入住這裡，晚上還可以自費學習攝影技術課程，講師

當然是ケント白石先生。

從用餐區一旁的大片落地窗看出去，一整片的雪景，夏天將換上新綠。如同ケント白石先生，如同美瑛，一點一滴，持續累積著屬於大自然的美麗。

スプウン谷のザワザワ村

車子往小山坡駛近，路面從柏油路變成了碎石路。「這裡真的會有民宿嗎？」正冒出懷疑念頭的時候，像是童話般的房子，瞬間出現在眼前。

用來當作民宿的五棟房子，以及民宿主人家的主建築、車庫兼倉庫，還有豢養迷你馬的馬舍，這裡就是「スプウン谷のザワザワ村」的全部建築群。紅色的拱型門、格子窗，不管怎麼看，都像是童話繪本

スプウン谷のザワザワ村
0166 - 92 - 7037
北海道美瑛町大村大久保協生
進房時間　15：00
退房時間　10：00

裡才有的場景，而我像是不小心闖進了童話故事的人，來這裡打擾借住一晚。

民宿以包棟的方式提供入住，房子和房子間的寬敞距離，給人高度隱私，就像是自己擁有的獨棟別墅一般。房子裡的任意一個房間，都有著大大的窗戶可以看見美瑛的丘陵景色，而且房內也配備有浴室設備。

窗外的景色綠意盎然，不管從哪個窗戶向外看，都可以飽覽三百六十度的田園風光，和正在運作的大型耕作機器。連綿的坡丘之間，看不到人來人往的車子和觀光客，這樣的風景，在美瑛可說是少之又少。遠離平日的繁忙生活，來到這裡，什麼都不想、什麼都不做，讓心靈好好地沉澱，就是最棒的享受。

房間裡沒有時鐘，像是要叫

人忘記現實時間感一般。整個房子裡的擺設相當符合「スプウン谷のザワザワ村」的世界童話主題，不論是多小、多不起眼的東西，只要是自己手作的物品，都會被擺在這裡融合一體。例如民宿主人小田先生花了很長時間親手製作的傢俱，還有一些相當有品味的手作物，整個空間感有點像是來到了「吉卜力」或是「嚕嚕米」的世界。

民宿提供的「ふるきよき北国の食卓」鄉村風晚餐，看似樸實，味道卻非常華麗。和窗外風景搭配起來，更像是童話故事裡的桌食。

晚餐可以自由選擇兩道前菜，主菜則是義大利麵，還有麵包、美瑛野菜、美瑛豬肉片等等。料理中除了民宿主人從自己農園現採的有機番茄外，其他蔬菜食材都儘量使用附近農田的新鮮野菜，調味料也盡可能地使用最低限度來調理，並且不使用添加物。每道料理看起來雖然簡單，卻能嚐到蔬食鮮甜的美味。

窗外的美瑛土壤氣味、風吹小麥的沙沙聲響，還有微光的黃昏，陪伴著我們享用寧靜的晚餐。

晚上在貓腳浴缸泡澡，在吊床裡讓身體隨著律動搖擺，用最悠閒的方式渡過時光。這些都是日常生活中不常用到的道具，置身其中，就像是來到童話世界般，有一種奇趣童心感。晚上民宿附近相當寂靜，我們全家三人坐在外面涼亭聊天，不知不覺也會跟著把音量放低。

周圍安靜下來時，風吹在小麥上的聲音沙沙作響，「ザワザワ」是民宿的名字，也是大地的聲音。實際住過一次之後，就能了解其中意涵，真的是再貼切也不過。

隔天一早，窗外吱吱喳喳的鳥叫聲將人喚醒。一看鬧鐘時間雖然才3點半，但太想要把握在童話故事裡的非現實感，我從櫃子上拿出咖啡豆，開始磨起豆子，想要來杯咖啡迎接日出。早晨，太陽慢慢升起，灑落的陽光將田園照耀成美麗的流蘇狀，加上雲朵隨風飄動的影子，清晨的大地和天空也魔幻得讓人覺得不可思議。

一早服務人員就拿著竹籃，裝著熱騰騰的法國吐司、蔬菜湯、生菜沙拉早餐，送到戶外的涼亭邊，讓住宿客人開始野餐。「今天要到哪裡兜風呢？」全家人的一天，就從元氣早餐展開。

「スプウン谷のザワザワ村」3個月前接受電話預約，而且每天在開放預約時間的半小時後就會額滿。官網上會如實地將住宿缺點事項全部寫上，像是：冬天很冷非常不方便、絕對禁止住宿者以外的人進入村內、早上5點多周圍農田的大型耕作機器就會開始運作等等，希望來住宿的客人能夠接受規則再入村。

為了可以知道更多「スプウン谷のザワザワ村」的故事，我繼續詢問著小田先生。

小田先生年輕時在大阪製藥公司當上班族，工作了13年。因為出差的關係，來到了札幌。在計程車上詢問司機是否有推薦的觀光景點，司機先生便推薦了美瑛給小田先生。之後和長男兩個人一起到北海道美瑛旅遊，那時候長男才1歲半。

「這裡不是日本吧？沒想到日本竟然有這麼美的地方！」在夏天第一次來到美瑛的小田先生，被眼前的風景給震攝住了。

「一開始是因為美瑛的風景而來，想要在風景美麗的地方過下半輩子。帶了兒子來這裡後，心裡就決定是美瑛了。但如果在這裡生活，就必須要賺錢，於是想到可以蓋民宿，『スプウン谷のザワザワ村』因而誕生。」

有了想移住的念頭，小田先生過不久就向公司提出辭呈，準備移住到北海道美瑛。

但即使是在20年前，尋找美瑛的土地過程還是非常困難。小田先生一年來北海道五、六次，一次就待上一、兩個禮拜。直到第3年的時候，才找到現在的土地。當時，這一帶只有以前農家留下的腐朽廢屋和馬舍。

「在日本幾乎看不到像美瑛這樣的景色，一開始這裡讓我覺得完全不像日本，所以如果建蓋日本的建築物，一定會不適合。」

小田先生開始尋找海外的雜誌、小朋友看的繪本故事書，從繪本裡面尋找建築的點子。在這些點子中，加入自己的想法動手打造。從房屋外觀到室內裝潢，一點一滴都是自己利用原本廢棄的馬舍、建物古材來建造，連外面的牆壁也都自己包辦油漆。

「外觀的顏色好特別，從來都沒有看過呢！這是什麼顏色呢？」我問著。

「這是奶油焦掉的顏色！隔壁鄰居看到剛塗好的油漆時，還開玩笑地說：『你們家是火災了嗎？』」小田先生大笑地說著。

經過3年時間，民宿終於改建完成。這期間，小田先生兩邊跑，一半時間在大阪，一半時間都待在美瑛的工程現場。除了建築物地基和鋼骨是請專業工人處理之外，其他部分全是自己親手打造。

2006年冬天，小田先生帶著妻子、3個孩子，買了單程車票來到了北海道美瑛。妻子簡單地架設好網站後，就開始營運民宿了。

「剛搬來時，這四周都是小麥田，每年耕種的作物也會隨著季節而不同。這裡的地理位置就像是湯匙中間凹下去的地方，風吹小麥田發出的沙沙聲，給了我們民宿命名的靈感。但當時民宿名字想了快1年多，也列出好幾百種組合，最後選了『スプウン谷のザワザワ村』這個最長的名字。」

「農田景色迷人，周圍風景好，也是這裡的賣點之一。能有這些景緻都是拜農民所賜，為了回報這些農家，所以也想要開始投入農業。只要好好用心耕耘，成果就會反映在農作物上，自己也會有莫名的成就感。當然，民宿的經營也是這樣。」

搬來這裡沒有多久後，小田先生開始了農業生活，變成農業研究生。

「我想要嘗試看看農作，只有自己親身體驗，才能更理解美瑛這個小鎮。農業研究算是移住來美瑛之後，我想做的事情。當決定成為農業研究生時，那一年還是北海道內年紀最長的農業研究生呢！」

從3月到11月左右，小田先生從早上5點半到晚上7點半的時間都在農田裡。不過，因為農家在忙碌中還必須撥空指導研究生，大部分的農家對研究生還是比較不親切。終於，結束了2年的研修後，有了自己的土地，成了當地認證的農家，在蔬果直營店或者旭川超市，甚至是美瑛有名的「美瑛選果」、「ビブレ (bi.ble 蔬菜餐廳）」等，都可以買到小田先生種植的番茄。

「從搬來到現在，剛開始看到美瑛美景時的驚嘆，現在也慢慢地覺得像是理所當然。但這不是壞事，有一種成為道民美瑛町一份子的感覺，想法也逐漸在改變。住在大阪的時候，從來沒有想過會在美瑛種葡萄園，一開始是憧憬大自然、喜歡美瑛而移住過來，現在的想法則是想成為美瑛的一份子。」

美瑛從事農業的人口慢慢減少，但是農地並沒有減少，因此需要投入更大量的人力，大家所需要勞動的面積也越來越多。這裡的觀光客和富良野一樣，每年有二十萬的觀光人數，但是晚上真正住在美瑛的觀光客，大約只有一成左右，真的是非常可惜。

美瑛有非常美麗的大自然四季，不只是旅人熟知的花田而已。在這塊土地上，還有這樣為了美瑛而努力的移住者，以及非日常的民宿和田園景緻。走訪過這裡，會相信世界上真的有童話故事。

2AF669X

北海道 風格慢旅

日常圈外的旅行提案，感受最有溫度的北國風景

作　　者　黃晴渝
責任編輯　温淑閔、李素卿
主　　編　温淑閔
版面構成　小美事設計侍物
封面設計　小美事設計侍物

行銷企劃　辛政遠、楊惠潔
總 編 輯　姚蜀芸
副 社 長　黃錫鉉

總 經 理　吳濱伶
發 行 人　何飛鵬
出　　版　創意市集

發　　行　城邦文化事業股份有限公司
歡迎光臨城邦讀書花園
網址：www.cite.com.tw

香港發行所　城邦（香港）出版集團有限公司
香港灣仔駱克道 193 號東超商業中心 1 樓
電話：(852) 25086231
傳真：(852) 25789337
E-mail：hkcite@biznetvigator.com

馬新發行所　城邦（馬新）出版集團
Cite (M) Sdn Bhd
41, Jalan Radin Anum, Bandar Baru Sri Petaling,
57000 Kuala Lumpur, Malaysia.
Tel:(603)90563833
Fax:(603)90576622
Email:services@cite.my

客服中心
地　　址　10483 台北市中山區民生東路二段 141 號 B1
服務電話（02）2500－7718、（02）2500－7719
服務時間　週一至週五 9：30～18：00
24 小時傳真專線（02）2500－1990～3
E-mail　service@readingclub.com.tw

※ 詢問書籍問題前，請註明您所購買的書名及書號，以及在哪一頁有問題，以便我們能加快處理速度為您服務。
※ 我們的回答範圍，恕僅限書籍本身問題及內容撰寫不清楚的地方，關於軟體、硬體本身的問題及衍生的操作狀況，請向原廠商洽詢處理。

※ 廠商合作、作者投稿、讀者意見回饋，請至：
FB 粉絲團 · http：//www.facebook.com/InnoFair
Email 信箱 · ifbook@hmg.com.tw

印　　刷　凱林彩印股份有限公司
2023 年 8 月　二版 1 刷
Printed in Taiwan
定　　價　520 元

若書籍外觀有破損、缺頁、裝訂錯誤等不完整現象，想要換書、退書，或您有大量購書的需求服務，
請與客服中心聯繫。

國家圖書館出版品預行編目（CIP）資料

北海道風格慢旅：日常圈外的旅行提案，感受最有溫度的北國風景 / 黃晴渝著 . -- 二版 . -- 臺北市：創意市集出版：城邦文化事業股份有限公司發行, 2023.08
面；　公分
ISBN 978-626-7149-86-7(平裝)

1.CST: 旅遊 2.CST: 日本北海道

731.7909　　112004584